U0895765

本书得到

中国人民大学公共治理研究院

资助

中国大学基金会治理问题研究

杨维东／著

中国政法大学出版社

2015・北京

序

大学基金会是基金会组织中重要而有意义的一支。它既有基金会的普遍体制、机制和运行模式，又有自己特殊的内容和要求。大学基金会是我国改革开放后兴起的新鲜事物，其在理论和实践两方面都有不成熟和不足的方面。同时，大学基金会经过多年的发展，又都有自己可喜的进步，很需要作一番深入的总结、探讨、借鉴和研究。大学基金会需要完善和发展，而这项工作绝不仅仅是大学的事情，还亟待政府、社会以及基金会自身的共同关注、共同研究，形成积极互动。更为重要的是，要在实践中逐步形成制度，使之契合基金会的发展规律，规避风险，服务教育事业，推崇社会善行，引导政府、社会、大学形成互动和互补，调动各方面的积极性，形成多元参与的局面，实现多方共赢的整体效果。

中国人民大学教育基金会十年生聚，从草创到逐步成熟，近年来通过自身探索实践摸到一些规律，基金会的政策优势开始在学校显现，受到社会、师生的好评。成立前后募集到各类数额不可小觑的善款，这对于扶贫济困助弱，开辟新项目，引进优秀人才，建立国际化金融经济研究特区、国家金融发展智库，以及发展法学、新闻学、艺术教育、残疾人教育等诸多方面都有不小帮助。基金会资金在使用上较为灵活，突破了政府拨款专款专用、限定支出的要求，能够更好地满足大学发展的需要和捐款人的意愿，在法律法规范围内成为财务支出创新的试验田。基金会募得的捐助，获得了政府对捐助人免去部分税收的善好政策，而且还能获得政府配套资助，这又进一步鼓励了捐助者的积极性。我们还在捐助人的提议下，创新了捐助人监督、引导经费使用的办法。只有在方向对、使用得当的情况下，特定款项才能给予配比，形成了捐赠资金使用的新机制。港澳一些商界知名人士还直接捐赠股票给基金会，鼓励基金会自主而又积极稳妥地进行金融活动，以使基金保值增值，更好地支持教育。如今，中国人民大学教育基金会荣获北京5A级教育基金会称号，正朝着新的更高阶段健康发展。

杨维东博士兼任中国人民大学教育基金会秘书，他在工作之余，运用他良好的公共管理专业知识研究中国大学基金会发展的历史与发展现状，从管理体制、运行机制及实际效能和存在的问题出发，借鉴一些发达国家大学基金会的发展治理实践，并将二者进行国际比较，以学术研究、注重实践两方面并重的视角撰写了博士论文，并在此基础上形成这本书。其间得到他的指导老师康晓光教授的热情鼓励和悉心指导。他查阅了大量资料，进行了实际访谈，甚至和审计监察机构进行探讨，积累了一些真知灼见，更为难得的是，他没有停留在既有事实的一般叙述上，而是深入一层，提出了优化大学基金会治理的对策。这对办好大学基金会无疑是大有裨益的。所以我乐为作序推荐，并恳请各位读者尤其是具体从事大学基金会工作的同仁指正和补充，共同把这一利国利民利教育利未来的大事做好，使我们的社会风气更好，使我们的社会运行得更好，使光辉的事业可持续发展！

程天权
中国人民大学教育基金会理事长
中国人民大学公共治理研究院院长
中国人民大学原党委书记
2014 年 10 月

前　言

近年来，我国高等教育规模不断扩大，实现了从精英教育向大众化教育的转变。身处其中的中国大学，在招生规模、校园建设、学科布局等方面实现了飞速发展。然而，与逐渐扩大的大学财务需求相比，国家财政的教育类支出逐渐向义务教育阶段倾斜，特别是重点保障农村义务教育经费，推动义务教育均衡发展。这一趋势使众多高校面临办学经费紧张的局面，财政压力开始显现并制约着大学的后续发展。大学要加快发展、摆脱财务困境，除了从政府获得经费、争取纵向与横向科研经费、收取学费外，还应借鉴国外大学的经验，更多地争取社会上的经费支持，主动向社会筹措办学资金，并对资金进行科学有效的管理以实现增值。

在这一背景下，为适应高等教育财政体制的改革，我国许多高校借鉴国外大学的有益经验，相继设立了教育基金会。从1994年建立第一个大学基金会以来，截至2013年底，我国共有210余家大学基金会承担着面向社会筹资、补充大学教育经费的责任。在近年来的高等教育办学实践中，这些大学基金会充分利用自然人、法人或其他社会组织捐赠的财产，以推动大学教育事业的发展为目的，发挥资金输送、增值职能，对所在大学的可持续发展发挥着越来越重要的作用。然而，处于起步阶段的中国大学基金会也出现了一些治理异化现象，呈现出理事会弱化、行政隶属关系不明确等诸多问题，具体表现为与大学关系模糊、监管机制缺失等，制约了大学教育基金会的健康发展。与此同时，2014 年发生的两起海外捐赠事件，也引发了人们对中国本土大学、大学基金会的反思。2014 年，SOHO 中国董事长潘石屹与哈佛大学签订了总计 1500 万美元（约 9300 万人民币）的“SOHO 中国助学金”协议，基金会市值已经超过 300 亿美元的哈佛大学又获得了一次大额捐赠，这也是 SOHO 中国助学金 1 亿美元助学金项目的一部分。SOHO 方面表示，此次捐赠将重点资助在世界一流大学攻读本科的中国贫困学生，家庭年收入 6.5 万元以下的学子都可以申请。其后，美国哈佛大学宣布收到建校以来最大一笔捐款——中国香港晨兴基金会向哈佛大学公共卫生学院捐赠 3.5 亿美元，而这个学院也将正式更名为“哈佛大学陈曾熙公共卫生学院”，与肯尼迪政治学院并列成为哈佛大学仅有的两个以人名命名的学院。这两起捐赠事件旋即引发国人热议，纷纷质疑中国商人为何捐到美国，有的追问为何不捐给国内高校。因此，无论从自身发展需求出发，还是面对日趋激烈的大学之间的竞争，国内大学基金会任重道远。

为此，本书将关注处于当代中国教育改革背景下的大学教育基金会治理问题。重点运用治理理论、制度同形等理论对大学基金会治理过程的核心问题进行解析。典型案例是具有代表性的 A 大学教育基金会，通过对案例的归纳得出研究结论。论述过程中具体聚焦于下列问题：①当前我国大学基金会的治理现状是什么，与所依托大学存在着何种关系，大学又是通过何种机制深度控制其基金会的。这需要建构一套描述框架，从组织结构与决策机制两个层面对具体的大学基金会案例进行实证性、描述性分析，进而提炼出大学基金会运行过程中的治理问题。②根据上述描述性分析，建构一套解释框架，厘清大学与其基金会的现实关系是如何形成的，探讨大学影响其基金会的作用机理。此外，运用制度同形理论，发掘出大学行政化对其基金会行政干预背后存在的某种现实逻辑，力求从外部环境层面给出合理解释。③在前面两个部分论述的基础上，有针对性地提出解决基金会治理问题的若干政策依据，包括大学与其基金会自治程度的同步提升、伙伴关系的建立、法治精神的回归等。归纳来说，本书重在探讨大学基金会存在哪些治理问题、大学基金会为什么会发生此类问题以及如何解决这些问题。

本书认为，大学基金会治理的基础环境是其与其所在大学之间形成的特定依附关系，根据这一前提，描述框架的构建也围绕这种关系进行。大学对其基金会的影响主要体现在“组织结构”和“决策机制”两方面，通过这两方面的分析可以较为全面地展示这种影响的现状。其中，组织结构包括理事会、监事会、秘书处等关键机构，大学通过人事安排，对上述机构实现一定程度的控制；决策机制包括决策模式、决策主体、决策内容三个主要模块，通过决策机制的还原，试图解析大学基金会的决策现状。

通过对A大学基金会治理若干重要方面的上述描述，本书认为，大学在基金会治理过程中通过组织与决策等渠道，对基金会施加了重要的干预作用，这种作用导致大学基金会对大学过度依附，形成了若干治理问题。治理问题是相对于大学基金会的治理规范提出的，这些治理规范在基金会管理条例、大学基金会章程中都有所体现。针对引发治理问题的过度依附现状，本书借鉴环境分析方法来分析大学对其基金会的深刻影响，从因子集合，即环境因子为大学基金会提供各种资源角度、因子作用机制角度以及因子作用效果角度对大学作用于其基金会的深刻影响进行解释，并以此框架为基础，厘清外界环境对大学基金会有哪些重要影响，这些影响又是通过什么机制得以实现的，产生了哪些效果。

本书在分析大学凭借资源输出对其基金会进行行政化控制、剥夺其自主决策权的同时，建立了一套解释框架，运用制度同形理论将这种行政化手段向上追溯，寻找其背后的深层原因。这就是大学自身自主决策权被剥夺、大学自治难以落实，教育行政主管部门对大学进行行政化控制的问题。本书认为，在教育行政主管部门长期的行政化干预模式下，大学的管理方式也逐渐趋同于行政组织，施行行政化的管理模式，遵循行政逻辑与思维。这种大学内部的行政化思维催生了行政化手段，而这种行政化手段促成了大学管理层对包括大学基金会在内的诸多机构的行政化控制，这种行政化思维—手段—结果的关系模式源于教育行政主管部门对大学施行的行政化管理方式，是这种套路的沿用与复制。因此，大学管理层对大学基金会的干预表面上看是一种惯性的、部门化的管理方式，是大学对其基金会施加影响的最佳手段，背后其实是一种大学行政化理念与手段的作用，进而产生了基金会行政化的结果。不仅如此，大学基金会同时处于上述制度同形与非营利组织、基金会的双重制度同形之中，两种相互冲突、相互联系的同形过程同时作用于大学基金会，形成了双重制度同形现象。但由于目前行政化控制的制度同形力相对较强，非营利组织的同形力相对较弱，使大学基金会治理仍以行政化逻辑为主，但有逐步规范的趋势。

本书的基本结论是：大学长期对其基金会进行部门化、行政化管理，对基金会有着深刻的影响力，行政化逻辑贯穿了基金会治理的全过程，形成了大学基金会组织自主治理能力不足、依附发展的局面。通过对 A 大学基金会治理状况的描述，本书认为大学基金会表现出强依附性、自主意识差等组织特征，形成了大学基金会对所在大学的过分依赖，本应独立且合作的关系演化成了非对称依赖关系。因此，正确处理大学与其基金会的关系，构建有效的治理格局，将会使筹资、投资、内部管理等诸多问题在更加专业、纯粹的平台上得到解决。对此，本书提出大学与大学基金会在各自层面上实现双重“脱耦”，形成“学术型”大学场域与“专业型”基金会场域，在双重制度同形过程中更倾向于非营利组织的规范性同形，提高自治性，在大学与大学基金会同步自治过程中构建两者合作伙伴关系的理想模式，使大学基金会沿着自主治理、协同治理的路径进行升级，打造既体现大学特点又富含基金会特质的组织体系，更好地实现组织的公益使命。

杨维东

2014 年 10 月

目录 CONTENTS

第一章　绪论 / 1

第一节　问题的提出 / 1
第二节　研究方法 / 7
第三节　写作框架与论文结构 / 10

第二章　文献综述 / 13

第一节　治理理论 / 13
第二节　公司治理理论 / 17
第三节　非营利组织治理的相关研究 / 27
第四节　事业单位法人治理结构相关理论 / 32

第五节　大学基金会治理问题相关研究 / 36
第六节　制度同形理论 / 42
第七节　对研究的述评 / 45

第三章　大学基金会基本概况 / 49

第一节　大学基金会的发展历程 / 49
第二节　大学基金会定义与分类 / 65
第三节　大学基金会组织设置 / 69
第四节　我国大学基金会的主要特征 / 73
第五节　大学基金会的功能 / 80

第四章　A 大学教育基金会治理问题 / 85

第一节　A 大学基金会简介 / 85
第二节　A 大学基金会的组织结构 / 97
第三节　A 大学基金会的决策机制 / 120

第五章　大学基金会的治理问题及其解释 / 135

第一节　大学基金会的治理问题 / 135
第二节　治理问题的解释 / 143
第三节　治理问题的深层原因——运用制度同形理论的解释 / 162

第六章 优化大学基金会治理的对策 / 170

第一节 大学与其基金会关系的理想模型 / 171
第二节 理想模式的实现途径——环境因素 / 178
第三节 理想模式的实现途径——大学基金会自身建设 / 189

第七章 结论 / 224

第一节 本书观点总结 / 224
第二节 本研究的局限及需要进一步解决的问题 / 230

附件一 国内大学基金会基本情况调查问卷 / 234

附件二 大学基金会治理问题访谈提纲 / 244

附件三 美国 TOP20 公立大学基金会网址 / 246

参考文献 / 249

后 记 / 263

第一章
绪　论

第一节　问题的提出

一、问题的缘起

持续稳定的资金投入是办好一所大学的前提条件，支撑一流的大学需要一流的经费保障，办学资金的多寡直接影响着大学的发展进程，这已经成为当代大学管理者的共识。因此，多渠道筹资已成为大学实现可持续发展的必然选择，办学资金来源多元化已经成为世界性的趋势。英国教育大臣克拉克曾不无夸张地说："未来长期的大学教育存在于能使大学摆脱依赖国家的美国式巨额捐赠基金中。"

大学教育基金会正是在这样的背景下应运而生的，它是指由高等院校发起设立的，以募集教育资金的方式缓解财政压力的基金组织。多年来，美国大学机构对教育捐赠的管理已经走上了市场化、职业化道路，策划、劝募、管理和运作都非常专业。教育捐赠在促进美国大学的建设和发展中扮演着极其重要的角色，教育捐赠与大学办学已经形成了良性循环，二者相辅相成。可以说，没有捐赠，美国大学寸步难行。哈佛、耶鲁等世界名校捐赠资金在学校预算中的所占比例逐年提高，已经成为支撑大学发展的重要经济来源。在筹款体制完善的大学里，基金事业都有着悠久的历史。特别是进入 20 世纪后，美国大学基金会的资金规模有了较大幅度的增长，这些基金会为美国哈佛、耶鲁、哥伦比亚、普林斯顿等大学的发展提供了巨额资金，极大地推动了美国大学特别是私立大学的发展。目前，美国大学基金超过 10 亿美元的已经达到了 60 余家，超过 100 亿美元的也有了近 10 家，可谓富可敌国。它们为一流大学的万年长青打下坚实的基础。

伴随着我国教育事业的发展，大学在内涵与外延两方面扩张的脚步逐渐加快，教育航空母舰层出不穷，多所大学均把眼光瞄向世界一流大学。然而，与这种扩张的冲动与发展定位相比，财政对高等教育的直接投入却相对不足，增幅逐年减少，财政压力已经开始制约大学的后续发展。若想摆脱财务困境，除了从政府财政获得教育拨款、争取科研经费、扩大学费收入以外，还应借鉴国外大学的经验，争取社会各界的经费支持，主动向社会筹措办学资金，并对资金进行科学有效的管理以实现增值，补充学校办学经费的不足。在这一背景下，我国许多大学借鉴国外大学筹资办学的有益做法，相继发起成立了自己的大学基金会。自 1994 年起，清华大学、北京大学、浙江大学相继组建教育基金会组织，随后中国人民大学、上海交通大学、复旦大学等高校也成立了自己的基金会组织。据不完全统计，截至2011年年底，全国共有214家大学基金会在民政部和省级民政局注册成立了教育基金会。截至2012年年底，大学基金会的总资产已经占到全国非公募基金会资产总量的45%。

大学基金会的成立标志着我国高等学校的筹资工作从被动、零星地接受捐赠发展到主动、有计划、系统地开展，标志着筹资工作正在走向规范化和专业化。[1]在近年来的大学办学实践中，作为面向社会筹资的机构，基金会最大限度地利用社会捐赠，力求发挥资金输送、增值职能，对大学的可持续发展正在发挥着越来越重要的作用。然而，我国的大学基金会目前还处于起步阶段，捐赠资金整体规模与国外反差巨大，管理体制不规范、理事会弱化、行政隶属关系不明确、监管机制缺失等问题始终制约着大学教育基金会的健康发展。尤其是由于体制原因，大学长期对其基金会进行部门化管理，对基金会有着深刻的行政化影响，行政化思维、逻辑贯穿了基金会治理的全过程，形成了大学基金会组织自主治理能力不足、依附发展的局面，难以适应形势的快速发展。

与西方发达国家的丰富研究和生动实践相比，我国大学基金会治理研究刚刚起步，相关成果还不多，理论方面的整体关注度不足。本书选取国内一所知名大学基金会进行深度的案例研究，通过对其治理实践的介绍、治理问题的剖析，试图分析大学对其基金会在组织结构与决策机制方面的深刻影响，厘清

---

〔1〕邓娅："建立大学筹款的激励机制——论配比基金的作用与意义"，载《北京大学教育评论》2010年第1期。

这种客观存在的行政化控制逻辑以及制约基金会发展的关键因素，尝试构建适合我国高校教育基金会的内部治理模式，健全教育基金会组织治理体系，进而完善我国高等教育经费筹措格局，科学、合理地进行基金管理，推进我国教育事业健康发展。

事实上，大学教育基金与大学基金会的概念并不相同，前者指经由基金会归集的教育捐赠基金，具有准公共性和非公募等基本特征；后者是基金资产的所有者，是一种组织形式。[1]二者具有直接的联系，但指向各不相同。本研究仅关注大学基金会组织本身，并不包括大学教育基金筹集、管理、投资增值等相关问题。事实上，组织本身的各种机制健全与否，直接关系到教育基金管理的质量。此外，本研究主要关注我国公立大学教育基金会，不包括民办大学基金会。

二、研究意义

如上所述，20 世纪 90 年代以来，我国大学教育基金会在筹集社会资金、促进教育事业发展方面做出了突出贡献，同时也在制度层面遇到了管理瓶颈，出现了一些捐赠基金规模做不大、基金会实力做不强的问题，针对大学基金会治理进行的研究有待深入。我国大学基金会事业刚刚起步，与西方大学成熟的基金会组织相比，在筹资、投资等诸多方面均存在一定差距，其根本原因在于治理模式的缺陷，尤其是在现有管理体制下，大学基金会深度受控于所在大学，自主治理能力严重不足。本书

---

〔1〕 范跃进、孙国茂：“大学教育基金与现代大学制度”，载《东岳论丛》2013 年第 1 期。

结合我国高等教育实际，通过剖析国内大学在教育基金管理方面的运作模式，厘清大学基金会的组织特性，勾勒出国内大学基金会所特有的发展环境和校内外生态，这对教育基金会组织使命的有效发挥具有重要意义。

本书具有很强的现实意义：

1. 大学基金会是学校经费来源的重要补充渠道。在基金会管理规范的大学，获得较多可持续性的捐赠更为便利。对大学基金会进行深入研究，不仅应关注其筹资、投资管理，更多地应把关注点放在组织结构与决策机制方面存在的体制性问题上，从整体上提高基金会治理能力，这有助于完善大学基金会治理体系，构建定位准确、功能明晰、结构合理、管理有序的新型大学基金会治理模式，最终有助于吸引持续性的教育捐赠。因此，聚焦大学基金会治理及其相应的内部治理结构和机制，构建合理的组织体系，制定规范管理的规章制度，是推动大学基金会健康、持续发展的关键，可为大学的持续发展提供源源不断的动力。

2. 本项研究有助于我们思考大学与其基金会如何在管理上有效对接的问题。大学基金会脱胎于大学，深受来自大学的深刻影响。脱离这种影响、忽略基金会的大学基因将难以看清其治理的本来面貌。在加强基金会自身内部治理、提升治理有效性的同时，也应深入思考大学基金会如何在管理上与大学实现对接的问题，使大学管理层有所为有所不为，进而强化大学基金会理事会的职能。在大学自治的进程中理顺二者关系，变“隶属关系”为“伙伴关系”，使大学基金会事业健康发展。本书将从组织机构、决策机制等多个维度出发，运用制度同形理论及环境分析方法进行大学与其基金会的关系研究，为明晰、理顺大学与其基金会的关系提供有益参考。

此外，本书所进行的大学基金会治理问题研究还具有较强的理论意义：

1. 按照公司治理中关于所有权[1]的观点，非营利组织不具有任何的所有人，处于所有者虚位状态；然而大学基金会不同于一般的非营利组织，有其自身特点。在大学基金会诸多利益相关者当中，大学在基金会创办初期充当发起人的角色，基金会创办后则成为受益人[2]，同时对基金会进行深度控制，这种角色多重融合现象在其他组织治理中并不常见。因此，本书在进行国内大学基金会治理情况分析过程中，将着重考察大学与其基金会关系，努力对这种特殊现象进行解释，试图丰富治理理论的内涵与适用，扩展非营利组织治理的研究范围，力求丰富非营利组织治理实践。

2. 目前大学基金会的学术讨论主要集中在两个方面：一是运用企业管理相关理论成果完善大学基金会内部治理，进而对大学基金会内部治理机制进行整理归并，关注重点集中在筹资、投资等环节，较少从与大学关系视角剖析治理问题；二是对西方大学教育基金会相关经验进行介绍和引进，并以此为基础进行中外对比，进而提出改善国内大学基金会管理的政策建议。在对这些学术探讨学习借鉴的基础上，本书从组织结构与决策机制出发进行国内大学基金会治理分析，落脚于大学基金会

---

〔1〕 所有权是对企业的控制权和对企业剩余利益的索取权。

〔2〕 大学属于间接受益人，直接受益人为项目最终的受益人。

与其重要利益相关者——大学的现实关系上，提出基金会现存的若干治理问题，并从制度同形视角进行解释，进而归纳出外部与内部的行政化对大学基金会治理的现实影响，力求全面真实地反映大学基金会的治理现状，特别是在运用制度同形理论过程中，尝试将其与特殊的大学基金会治理实践相结合，力求有所创新。需要说明的是，大学基金会的制度同形具有不同于其他组织同形的特点，它既包括一种行政组织强制的因素，同时也有非营利组织规范化运作的因素，是两者共同作用的结果，是在教育场域与非营利场域同时进行的制度变迁。大学基金会治理过程中呈现出的行政化控制问题，源于这两种制度同形并非施以基金会相同的影响，而是行政化逻辑强于非营利组织规范化、专业化的要求，造成了两种制度同形的冲突。本研究延伸了“制度同形”理论的若干内涵，扩大了其适用范围，尝试将这种观点运用到受多种因素影响的大学基金会当中，力求以一种新的视角去观察不断发展变化的中国大学基金会。

第二节　研究方法

一、关于案例选取与材料来源

本书选取教育基金行业具有代表性的 A 大学基金会作为个案进行深度研究，以期挖掘出当前大学基金会治理过程中存在的突出问题。个案研究法是针对单一特定的人、事、物在某种情境下的特殊事件，广泛系统地收集有关资料，从而系统地分析、解释的研究方法。单一案例研究能够深入地揭示案例所对应的现象背景，以保证案例研究的可信度。本书采用个案研究法，运用各种方法收集与大学基金会治理问题相关的资料，着重从组织机构与决策机制两个方面对A大学基金会的治理现状进行深入细致的研究，尝试较为全面地勾勒出其治理情况，并以此为基础得出关于基金会治理的若干结论。

选取A大学基金会基于其具有一定的治理代表性，这种代表性体现在以下几个方面：①成立时间和组织成熟度的代表性。2006年，《基金会管理条例》出台后引发了一轮大学基金会成立热，A大学基金会正是在这种情况下成立的，组织成熟度具有一定的代表性。②组织机构代表性。较早成立的大学基金会大多由部属高校筹建，A大学隶属于教育部，具有组织机构代表性。③治理代表性。通过访谈、问卷等方式对其他高校基金会的了解，我们发现业已存在的A大学基金会治理问题也不同程度地存在于其他大学基金会。因此，A大学基金会治理问题具有一定的代表性。同时，由于工作上的便利，相关资料较为丰富且易获取，可以提供研究相关治理问题完整的研究材料。基于上述三个原因尤其是资料收集便利的优势，本书选取A大学基金会作为个案进行研究。同时，本书还通过问卷、访谈等方式，对几所典型985高校大学基金会治理情况进行了基本了解，作为对A大学基金会研究的补充，使相关研究更具有代表性，更能全面地凸显大学基金会的治理问题。

二、资料收集的方法

本研究通过书籍、期刊、网络等渠道，对与大学基金会治理有关的文献资料进行收集。在此基础上，利用基金会中心网的信息平台，对大学基金会行业的基础数据进行了分析整理。在案例分析过程中，整理了 A 大学基金会的年度报告和历次理事会会议纪要，力求全面地掌握基金会治理资料，以期客观地展示其运作状况。在此基础上，收集国外发达国家大学基金会治理的有益做法，着重聚焦于我国大学基金会存在的治理瓶颈问题。同时，通过对文献的进一步分析，形成解决大学基金会运作体制问题的建议。

大学基金会对治理模式的选择是在特定环境下进行的，在这个环境中，大学基金会、大学都难免受到社会管理体制、教育管理体制等方面的影响。目前的制度安排是大学基金会内外部多元主体进行利益博弈的均衡结果。不深入实际进行案例研究，仅仅依靠基金会本身的对比分析，难以探寻中国大学基金会内部治理弱化、过度依附的深层原因。因此，在对大学基金会治理问题进行研究的过程中，笔者以 A 大学基金会秘书的身份，近距离地观察基金会的运作，这些观察与体验加深了对大学基金会的感性认识，充实了案例的内容，使论文写作更富针对性，更加契合大学基金会实际运作的真实状态。

三、论证方法

本书属于实证研究中的案例研究。在实证研究过程中，运用归纳法对大学基金会治理过程中存在的问题进行深入分析。归纳论证是在科学研究中常用的论证方法，它从个别到一般，通过对个别事例的分析，归纳出此类情况共有的特性，在此基础上得出一般性的结论。研究开始之前，一般没有理论假设，直接从对研究对象的实际观察入手，通过实地与直接观察及深入访谈取得相关资料，再遵循相关的步骤与框架去分析这些资料，从原始资料中归纳出研究对象在治理领域某一个问题上所呈现出来的普遍性的行为模式。本书运用这种从下往上形成结论的方法，在系统收集A大学基金会资料的基础上寻找真实反映其治理问题的本质特征，找到造成治理问题的深层原因，进而探寻其解决方案。

第三节　写作框架与论文结构

一、写作框架

依据概念界定和分类方法，结合研究问题，本书的写作思路为：针对研究对象建立描述框架，基于描述框架着重从若干方面进行案例调查，运用归纳法总结出本项研究的主要发现，并分层次对主要发现进行解释，最后给出对策建议。根据个案

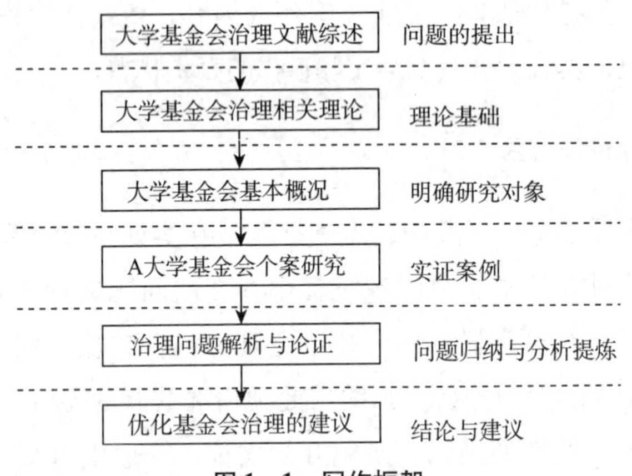

图1－1　写作框架

研究的特点，本书以“大学基金会治理自主性”为主线，从组织结构、决策机制角度出发，分别深入剖析 A 大学基金会的治理情况，描述理事会弱治理以及基金会受到大学行政影响形成的治理问题。如图 1－1 所示。

二、主要内容

全书共分七个部分，各篇章主要研究内容和观点如下：

第一章主要是开篇提出问题，着重阐述大学基金会治理问题相关研究的背景和意义，在此基础上确定研究思路、研究方法与写作框架。

第二章梳理与回顾大学基金会治理问题的国内外研究现状，介绍与大学基金会治理相关的治理理论、制度同形理论等基础理论，为后续大学基金会治理的描述、治理问题的提炼奠定理论基础，同时也为政策建议提供理论支撑。

第三章介绍大学基金会的若干基本问题，厘清大学基金会概念，明确其内涵。因此，本章将回顾我国大学教育基金会的发展历程，介绍其基本概况，并对大学基金会这种组织形式在当前教育体制下的功能进行描述，为后续研究论证打下基础。

第四章是本书的重点描述部分，也是案例研究的主要组成部分。本章在对 A 大学基金会一般性、概况性内容进行描述的基础上，着重从组织机构、决策机制两个方面对其治理问题进行深入剖析。其中，组织结构部分从理事会、监事会、秘书处三个层面进行分析，决策机制部分从决策机制主体、决策内容两个层面进行分析，力图对其治理过程中存在的关键性问题进行梳理，尝试从中找出大学基金会治理过程中存在的制约其可持续发展的规律性问题。

第五章对大学基金会存在的治理问题进行了定义，并尝试对其进行环境分析。在对 A 大学基金会组织结构、决策机制进行描述的基础上，归纳出当前我国大学基金会普遍存在的治理问题，指出基金会理事会治理弱化的症结。以此为起点，从环境分析视角，细分资源支持体系、作用机制、作用效果三个方面对治理问题进行解释。最后，站在整体高等教育的改革的大背景下，运用制度同形理论，从大学行政化角度对基金会治理问题的深层原因进行分析，挖掘表象背后的制度性原因，阐述大学基金会的双重治理同形问题。

第六章在描述与解释的基础上，尝试建立大学自治与大学基金会自治的理想模型。从组织结构与决策机制两个方面提出优化大学基金会治理的具体路径，构建大学与其基金会伙伴关系的整体框架，提升大学基金会服务、支持所在大学发展与建设的水平，更好地体现组织自身使命。

第七章是本书的总结部分。本书通过对 A 大学基金会进行的实证研究，构建了一个研究大学基金会治理机制的一般框架，全面系统地研究大学基金会治理机制，厘清大学对其基金会治理的深刻影响，在此基础上提出我国大学基金会治理机制的完善路径。通过这些理论探讨与实证分析，得出了若干新的研究结论。此外，本节还对研究的局限与进一步需要研究的问题做了说明。

第二章 文献综述

本书将围绕大学基金会治理过程中存在的突出问题，有针对性地进行文献综述，着重将与大学基金会治理有关的国内外理论观点进行介绍，同时引入公司治理理论、非营利组织治理理论，以及更契合我国大学基金会治理实际的制度同形理论，以期为后续大学基金会治理问题论述提供理论支持。

第一节 治理理论

治理（governance）是一个源于拉丁文和古希腊文的古老词汇，原意是控制、引导和操纵。根据《辞海》的解释，治理为“处理、管理、统治之意”。治理最初主要用于国家政治活动和公共事务管理活动中。作为一个英语词汇，其开始使用的时间说法不一，有人将其上溯至16世纪甚至14世纪末期。20世纪80年代以来，世界银行在概括非洲当时的情形时，首次使用了“治理危机”（crisis in governance）一词，此后治理的概念便广泛地被用于政治发展研究中，特别是被用来描述发展中国家的政治状况。

20世纪90年代以来，治理逐渐被赋予新的含义，不再局限于政治学范畴，而广泛应用于社会经济领域；不仅仅是在英语世界里被使用，甚至在欧洲各主要语言中都流行开来。正如鲍勃·杰索普所说，“过去15年来，‘治理’在许多语境中大行其道，以至成为一个可以指涉任何事物或毫无意义的时髦词语”。治理这一范畴在学术界有多种解释，治理理论的主要创始人之一罗西瑙认为，治理与统治不同，治理指的是一种由共同的目标支持的活动，这些管理活动的主体并非一定是政府，也不需要依靠国家的强制力量来实现。

斯托克梳理了当时流行的各种治理研究文献，概括了关于治理的五个论点：①治理意味着一系列来自政府，但又不限于政府的社会公共机构和行为者；②治理明确肯定在涉及集体行为的各个社会公共机构之间存在着权力依赖；③治理意味着在为社会和经济问题寻求解决方案的过程中，存在着界限和责任方面的模糊之点；④治理指行为者网络的自主自治；⑤治理认定，办好事情的能力并不在于政府的权力，不在于政府下命令或运用其权威。政府可以动用新的技术和工具来指引和控制，而政府的能力和责任均在于此。他还认为，治理理论不仅承认我们的政府制度愈来愈加复杂，而且提醒我们注意责任的转移，国家（State）退后一步而把责任推给私营部门和志愿团体——从广义上说推给公民的这样一种打算。[1]

---

〔1〕［英］格里·斯托克著、华夏风译：“作为理论的治理：五个论点”，载《国际社会科学杂志（中文版）》1999年第1期。

罗茨归纳了关于治理的六个定义：①作为最小国家的管理活动的治理，它指的是国家削减公共开支以最小的成本取得最大的效益。②作为公司管理的治理，它指的是指导、控制和监督企业运行的组织体制。③作为新公共管理的治理，它指的是将市场的激励机制和私人部门的管理手段引入政府的公共服务。④作为善治的治理，它指的是强调效率、法治、责任的公共服务体系。⑤作为社会控制体系的治理，它指的是政府与民间、公共部门与私人部门之间的合作与互动。⑥作为自组织网络的治理，它指的是建立在信任与互利基础上的社会协调网络。〔1〕

对治理一词的权威性界定是在《我们的全球伙伴关系》研究报告中，这份报告由全球治理委员会于1995年发表，报告中指出：治理是使相互冲突的或不同的利益得以调和并且采取联合行动的持续过程；是各种私人的或公共的机构管理其共同事务的诸多方式的总和。它既包括有权迫使人们服从的规则和正式制度，也包括各种人们认为或同意符合其利益的非正式的制度安排。它有四个特征：①治理不是一种活动也不是一整套规则，而是一个过程；②治理不是一种正式的制度，而是持续的互动；③治理既涉及公共部门，也包括私人部门；④治埋过程的基础不是控制，而是协调。〔2〕

国内学者俞可平详述了治理与统治的区别，他认为二者最

---

〔1〕［英］罗茨："新治理：没有政府的管理"，载《政治研究》1996年第154期。

〔2〕全球治理委员会：《我们的全球伙伴关系》，牛津大学出版社1995年版，第37页。

基本的、甚至可以说是本质性的区别就是：治理虽然需要权威，但这个权威并非一定是政府机关；而统治的权威则必定是政府。统治的主体一定是社会的公共机构；而治理的主体既可以是公共机构，也可以是私人机构，还可以是公共机构和私人机构的合作。治理是政治国家与公民社会的合作、政府与非政府的合作、公共机构与私人机构的合作、强制与自愿的合作。他还认为，治理是一个比政府统治更宽泛的概念，从现代的公司到大学以及基层的社区，如果要高效而有序地运行，可以没有政府的统治，但是不能没有治理。[1]

治理概念的提出打破了社会科学中长期存在的两分法传统思维方式，它抛弃了传统行政的垄断和强制性质，建立了一种分享公共权力、合作式发展的新理念，把公私部门、国家与公民社会等过去认为对立的矛盾体结合起来，重新调整国家与社会、政府与市场的边界，寻求政府、市场与社会的均衡发展，这已经成为政府改革的共同特征，以期在多元合作的基础上实现有效的管理，形成一种以公共利益为目标的社会合作过程。治理理论的产生与发展扩展了政治学的研究范围，对实现全面的、合作式的社会治理具有积极的意义。从治理的内涵可见，治理并不限于公司与政府治理，包括非营利组织在内的一切组织领域都需要治理。公司治理、非营利组织治理的实践为组织治理提供了很多宝贵的素材，同时也为大学基金会治理提供了参考。

---

〔1〕 俞可平："治理和善治引论"，载《马克思主义与现实》1999 年第 5 期。

第二节　公司治理理论

19世纪中后期，公司所有权和经营权初步分离，引发了人们对公司治理的关注。随着社会经济的发展以及现代企业制度的建立，公司运作模式越来越规范。作为现代企业理论的重要组成部分，公司治理逐渐成为衡量企业特别是上市公司运营质量的重要标尺，它涵盖了企业管理、法律规制等领域，逐渐产生并演化成事关企业生存发展的重大战略问题。公司治理运用一套正式的或非正式的、内部的或外部的制度来协调公司与包括股东在内的利益相关者之间的利益关系，以保证公司决策的民主化、科学化，最终维护公司的整体利益。

公司治理是公司运行过程中调整董事会、经理层、股东以及其他利害相关者关系的一种制度化安排，是现代企业中关于各方责、权、利的制度架构。完善的公司治理可以激励董事会和经理层去实现那些符合股东、经营者和其他利益相关者利益的公司目标，着眼于提升市场的透明度和效率，且公司治理过程中蕴含的监督机制可以确保企业不偏离既定轨道。狭义的公司治理，是指以股东为主的所有者对以经理层为主的经营者的一种监督与制衡机制。通过这种制度安排，所有者与经营者的权责得以进行恰当合理的配置，以保证股东权益的最大化，在防止经营者对所有者利益背离的前提下完善公司激励机制，提升公司绩效。广义的公司治理不仅对股东利益进行关照，而且涉及包括股东、债权人、供应商、雇员等更为广泛的利益相关者。[1]

〔1〕 李维安等：《公司治理》，南开大学出版社2001年版，第31页。

美国学者布莱尔认为，广义的公司治理是“一种法律、文化和制度性安排的有机整合。这一整合决定公司可以做什么，谁来控制它们，这种控制是如何进行的，它们从事活动所产生的风险和回报是如何分配的。这些制度包括公司法和董事会，也包括融资、证券法、破产法、法律对金融机构的控制、劳工关系、契约法、产权、报酬机制、内部信息和控制体系等各个方面”。狭义的公司治理是“探讨董事会的结构和权利，或者是股东在董事会决策中的权力和天赋特权”。

钱颖一对公司治理的定义是：公司治理是一套制度安排，用以支配若干在企业有重大利害关系的团体——投资者（股东和贷款人）、经理人员、职工——之间的关系，并从这种联盟中实现经济利益。公司治理包括：①如何配置和行使控制权；②如何监督和评价董事会、经理人员和职工；③如何设计和实施激励机制。一般而言，良好的公司治理能够利用这些制度安排的互补性，并选择一种安排来降低代理成本。[1]张维迎认为，广义的公司治理是关于公司控制权和剩余索取权分配的一套法律、文化和制度性安排，这些安排决定公司的目标、谁在什么状态下实施控制、如何控制、风险和收益如何在不同企业成员之间分配等问题。狭义的公司治理结构指有关公司董事会的功能、结构、股东权利等方面的制度安排。[2]

在 OECD 制定的《公司治理原则》中，除了强调公司治理的概念和内容之外，更多的是具体阐述公司治理的治理机制，

---

〔1〕 钱颖一：《中国的公司治理结构改革和融资改革》，中国经济出版社 1995 年版，第 133 页。

〔2〕 张维迎：《产权、政府与信誉》，上海三联书店 2001 年版，第 256 页。

主要包括对股东的平等待遇、股东权利、利害相关者作用、信息披露及透明度等五个方面。我国学者吴敬琏认为，公司治理结构由所有者、董事会和高级经理三者组成，在公司治理过程中三者之间形成了制衡关系。在这种制衡关系中，董事会作为公司的最高决策机构管理着所有者的资产，高级管理层在董事会授权下经营企业，拥有对经理人员的人事任免、奖惩权，但是重大事项要经过董事会批准。[1]

公司治理理论已经日臻完善，非营利组织治理、大学基金会治理可以大胆借鉴公司治理的有益经验，建立一套有效的治理体系以及相应的制衡机制和激励机制。但非营利组织具有产权不清晰、绩效难以度量性等特点，组织治理有着特殊之处。目前国内大学基金会尚未成为纯粹的独立机构，从国外捐赠基金实践来看，基金会也不应脱离所在大学的既有资源独立存在。因此，一味谈基金会理事会独立性没有考虑到现实国情与基金会的自身特点。应立足实际借鉴公司治理经验，在现有大学基金会治理框架内理顺各方权利义务关系，形成适应、适合、适用于大学基金会的治理体系以及相应的权力制衡和激励机制，并在此基础上进行制度创新。基于这种考虑，本书将不在公司治理基础理论方面做过多阐述，而重点介绍对大学基金会治理具有借鉴意义的若干具体问题，如内部人控制、董事会治理问题以及国有企业的行政干预问题。通过对这些其他组织治理问题的介绍，扩大大学基金会治理研究的视野，借鉴更多公司治

---

〔1〕 吴敬琏：《现代公司与企业改革》，天津人民出版社1994年版，第185页。

理的有益经验，完善大学基金会治理体系。

一、内部人控制

由于所有者与经营者的利益差异，股东很难对经营者进行有效监督。日本著名经济学家青木昌彦把经理层对国有资产的侵犯定义为“内部人控制”。在私有化的场合，多数股权为内部人持有，在企业重大战略决策中内部人利益得到了有力的强调。[1]由于权力过分集中于“内部人”，这种现象被称为“内部人控制”。

在20世纪70年代和80年代的中欧和东欧，中央政府在下放了企业经营管理权的同时，却没能有效地控制和监督企业经营者的行为。企业经理借此授权，在企业内部扩大自己的权威，实现了对企业的无制约的控制，致使企业经理人员为牟取个人私利而损害企业出资者的权益，产生了内部人控制现象。企业理论认为，股东与董事、监事之间，董事与经理层之间存在着一定的委托—代理关系，受托方可能做出违背出资者利益的事情来，这就是“代理问题”的基本概念。

因此，内部人控制问题的根源在于代理问题[2]。现代企业理论指出，出资者（股东）与经营者（董事、监事）之间存在着委托—代理关系，在一定的条件下，经营者可能做出违背出资者利益的事情来，这就是所谓的“代理”问题。从广义上讲，

---

〔1〕［日］青木昌彦、张春霖：“对内部人控制的控制：转轨经济中公司治理的若干问题”，载《改革》1994年第6期。

〔2〕张承耀：“‘内部人控制’问题与中国企业改革”，载《改革》1995年第3期。

“内部人控制”问题就是“代理”问题。[1]在现代公司中，由于企业的外部成员（如股东、债权人、主管部门等）的监督不力，企业的内部成员（如厂长、经理或工人）即直接参与企业的战略决策以及从事具体生产经营决策的各个主体掌握了企业的实际控制权。内部人通过对公司的控制，追求自身利益，损害外部人利益。

之所以会出现“内部人控制”问题，除了上述“代理”问题之外，还是由于企业信息不对称而引起的。极端地讲，外部人想完全监督内部人是不可能的。再深入一步看，股东与企业处于对立之中，企业方面要求把利润留在企业内部以利于长期发展，这要求股东牺牲短期利益并且承担相当的风险。[2]因此，谈到对“内部人控制”的控制，青木昌彦认为，通观各国的情况可以看出，公司治理结构的不同根源于股东结构的不同，比如国有独资公司就可能会带来另外一种类型的“内部人控制”问题。再者，法律规定、市场规则对治理结构也会有重大的影响。为此，必须做出一个整体设计，不应该就“内部人控制”问题谈一些管理方法，而必须从大处着眼。[3]其他学者们也针对企业的“内部人控制”问题，提出健全规范法人治理结构、进一步健全企业内部监督机构等建议，以提高监督效果，强化股东大会的职能。

---

〔1〕 张承耀：“‘内部人控制’问题与中国企业改革”，载《改革》1995年第3期。

〔2〕 张承耀：“‘内部人控制’问题与中国企业改革”，载《改革》1995年第3期。

〔3〕 张承耀：“‘内部人控制’问题与中国企业改革”，载《改革》1995年第3期。

也有学者认为，内部人控制利大于弊。我国学者张维迎与传统的看法（即经理非法占有不利于企业经营）相反，他认为在中国国有企业中，内部人控制利大于弊。如果没有所有者来督促经理而且经理的剩余索取权极少，那些最重要而又最难监督的人怎么会有动力努力工作呢？即使他们努力工作的动力是对利润的不合法占有。[1]张道根认为，在我国现有国有企业产权制度和国有资产管理框架下，内部人控制或许恰恰是既定约束条件下唯一可行的次优选择。[2]杨瑞龙等人通过对许继集团的实例分析得出，内部人控制不一定会导致效率的低下，它可能有助于发挥企业家才能，实现管理专业化，有利于给经理层提供充分激励。[3]这一思路给我们观察大学对其基金会控制提供了新的视角。

由于非营利组织提供服务的间接性以及产权不明晰、监督机制不健全的特点，在二次委托过程中，与营利组织一样，非营利组织也不同程度地存在着内部人控制或内部人治理问题。这种情况的存在，既有体制原因，也有非营利组织治理结构上的问题。在两者的共同作用下，内部人控制问题一度存在并成为制约非营利组织可持续发展的重要障碍。然而，与一般的非营利组织不同，大学基金会目前的治理情况并非内部人治理，

---

〔1〕 张维迎：《企业理论与中国企业改革》，北京大学出版社 1999 年版，第 121 页。

〔2〕 张道根："国有企业产权改革中的几个问题"，载《中国工业经济》1996 年第 11 期。

〔3〕 杨瑞龙、郑志："竞争、内部人控制与经济绩效——许继集团治理结构及其绩效的经济学解释"，载《中国工业经济》2001 年第 10 期。

无论是一次受托的理事会还是二次受托的秘书处，都没有在委托代理过程中获得足够的权力。不仅如此，理事会、秘书处的职责发挥还存在很多应尽未尽之处，内部人治理的研究框架难以完全沿用到大学基金会治理研究中。究其原因，大学作为外部利益相关者，在大学基金会治理过程中一直发挥着重要作用，事实上形成了一种更为复杂的治理格局。这种治理格局一方面体现出“外部人治理”的特征，因为从本质上讲，大学基金会是独立于大学而存在的，这种情形部分剥夺了大学基金会的自主治理权；另一方面体现出“内部人治理”的特征，这源于大学基金会与其所依托大学间千丝万缕的资源联系。尽管与内部人治理也存在积极作用一样，这种治理格局也会使大学基金会依托大学体系更多更快地获取资源，但这与公司、非营利组织治理的生态完全不同。尽管如此，公司治理中内部人治理的概念、应对策略及思路，对深入了解大学基金会的治理过程、改善治理状况有着重要的借鉴意义。

二、国有企业的行政干预问题

从基本关系上看，大学与其大学基金会的关系，在某种程度上类似于国资部门与国有企业的关系。对国有企业的行政干预问题进行梳理，有助于更好地理解大学基金会的行政化管理问题。

国家行使其控制权的具体方式是各级政府机关对企业的行政干预。政府行政干预的最重要的手段是对企业经理人员的任免权，但并不以此为限。尽管落实企业经营自主权多年来一直是企业改革的主要内容之一，但行政机关对企业的干预仍然不同程度地存在着。[1]这种情况的产生，一方面源于传统经济模式的惯性思维，另一方面因为政府职能的错位与越位，例如，政府部门在对国有企业的日常管理中，可以通过行政命令方式自行任命国有公司的高管人员；相当一部分国有控股公司的高管人员仍具有行政级别；高管薪酬的决定程序和机制依然有着较强的政府干预色彩。

张承耀认为，外部“超强控制”具体表现为企业没有成为独立法人，只不过是一个放大了的车间，上级主管部门可强行将亏损企业与盈利企业合并，随意撤换下属企业领导，对企业握有“生杀大权”。加大外部监督力量的途径包括强调厂长经理对国有资产保值增值的负责等，而有权任命厂长经理的人却没有责任，特别是人事任免权，还掌握在人事部门手中。[2]与认为内部人控制利大于弊的观点一致，针对行政干预问题，张维迎认为，这种干预力量有其两面性、阶段性，从公司治理结构的角度看，中国国有企业改革在解决经理的短期激励问题上比较成功，但在解决经营者选择和经营者长期激励问题上却是不成功的。也就是说，从 1978 年开始采取的各种改革措施（主要是经理承包责任制）为国有企业的经理提供了适当的短期激励，但选择经理的权力仍然掌握在党的人事部门和政府有关部门的官员手中。为了解决这一问题，选择经营者的权力必须从政府官员手中转移到真正的资本所有者手中。这就要求对国有企业

〔1〕 张春霖：“从融资角度分析国有企业的治理结构改革”，载《改革》1995 年第 3 期。

〔2〕 张承耀：“‘内部人控制’问题与中国企业改革”，载《改革》1995 年第 3 期。

和国有银行进行民营化。[1]

在大学基金会治理实践中，本应独立行使职权的大学基金会，更多地接受所在大学的领导与控制，包括人事、财务等重要职权在内的各项管理权限均受到大学的深度控制。从某种程度上说，大学对大学基金会的控制与行政力量插手国有企业具有一定的相似性，国有企业行政干预领域的相关文献拓展了大学基金会治理的研究视角。然而，正如张维迎认为企业的行政干预有阶段性、积极性一样，大学对大学基金会的影响在基金会成立初期具有重要的推动作用，在筹资过程中也是一样，大学的校友资源、社会声誉等隐性资源对大学基金会筹集社会捐赠具有重要的辅助作用。针对外部干预的问题，两种外界干预的解决之道也各不相同，对企业的行政干预是要不要的问题，大学对其基金会的干预则是干预程度的问题，是理顺这种干预、使之制度化的问题，这是两种干预的不同之处。

三、公司治理中的董事会治理

公司治理实践中的董事会治理，是最早运用治理概念的领域。对这一领域治理经验的回顾，有利于提高大学基金会治理的科学化水平。按照《公司法》的规定，董事会是按公司或企业章程设立并由全体董事组成的业务执行机关，负责公司或企业业务经营活动的指挥与管理，对公司股东会或企业股东大会负责并报告工作。股东会或职工股东大会所作的事关公司或企

[1] 张维迎：《企业理论与中国企业改革》，北京大学出版社 1999 年版，第 100 页。

业重大事项的决定，董事会必须执行。董事会治理是在公司治理的基础上，为保证董事会决策的科学性和监督的有效性、降低交易费用、保证内部管理协调，对董事会的结构、运作以及相应的监督、激励机制所做的制度安排。

董事会分别作为代理人与委托人参与到两次委托代理过程中，对公司事务深度参与。费方域认为尽管董事会职能侧重不同，但一般总要提供下述四项基本功能：制定战略、确定政策、监督管理者和承担责任。其中，前两项可归为一类，通常被称作董事会提高公司绩效的功能；后两项可归为一类，通常称作董事会保证公司行为符合股东和其他关系人利益和所要求结果的功能。因此，董事会治理是公司治理的核心和关键，如何进行董事会的科学治理，直接关系到公司利益和股东利益，关系到企业的可持续发展〔1〕。何卫东认为董事会治理内容主要包括董事会治理机制、董事会治理结构以及对董事会的监督和激励三个层面，治理结构是治理机制运行的载体，董事会治理机制包括监督机制和决策机制两部分，董事会治理结构包括董事会规模、内部构成、独立董事设置等内容。〔2〕上述机制共同作用，使董事会的治理机制得以有效发挥。

公司治理中董事会治理的相关理论研究成果，为完善非营利组织理事会治理提供了许多可借鉴的内容。但我国现行的非营利组织双重管理制度，使非营利组织治理有着不同于公司治

〔1〕 费方域："董事与董事会的职责与功能"，载《上海经济研究》1996年第12期。

〔2〕 何卫东：《现代公司董事会治理研究》，天津社会科学院出版社2003年版，第15页。

理、国外非营利组织的特点。与其他非营利组织一样，作为内部治理的关键因素，大学基金会理事会的作用非常重要。理事会是基金会的决策机构，最基本的功能在于根据所处环境做出适当的判断并独立决策，但目前大学基金会理事会决策形式化，这源于大学对基金会深度干预的现状，源于大学基金会人、财、物无法独立的尴尬境地。在理事会能力建设过程中，应理顺其与大学的关系，形成权威、高效的理事会，实现其自身价值和使命，逐步将决策权从大学过渡到大学基金会理事会。理事会应该成为非营利组织的最高权力机构，有关组织自身的重大决策，如使命确定、战略制定、组织规章、议事程序、操作行为准则以及分配原则等，都应由理事会而不是大学管理层作出，这是保障中国大学基金会健康发展并逐步成长为一个独立社会部门的前提条件。

第三节　非营利组织治理的相关研究

大学基金会属于一种特殊的非营利组织，对非营利组织既往治理理论的回顾，有助于更好地理解大学基金会治理问题。Gies & Shafritz 认为，治理是一种监督与管理的功能，治理就是治理，不是管理，非营利组织许多治理功能与营利组织是共通的。[1] Lyons 认为，治理包括一种特殊的管理。治理者负责组织的整个方向。治理者对组织负责，他们负责组织干什么、怎么

〔1〕 Gies D. L. , OttJ. S. & Shafritz J. M. , *Governance: the Roles and Functions of Boards of Directors*, California: Brooks/Cole Publishing Company, 1990, pp. 177 ~ 181.

样干和怎么样干好。[1]

Salamon 认为，治理就是对非营利组织的组织运作、内部结构进行必要的限制，确保组织具有合理有效的治理结构，使其治理保障组织的自治性与独立性，并承担相应的社会公共责任，他特别强调组织的决策程序和董事会角色的重要作用。[2] 康晓光等指出非营利组织治理机制分为内外两部分，“内部治理机制”包括组织使命、文化以及组织内部管理制度，而“外部治理机制”分为“积极”和“消极”两部分，前者指民政部门与业务主管单位的管理与控制以及来自媒体的监督等，后者指“终止合作”，意味着社会合法性的丧失。[3] 官有垣认为非营利组织治理是指提供策略性领导的过程，包含设定组织发展与运作的方向、作出决策与策略决定、监督与审视组织的绩效表现以及确保组织的责信。非营利组织治理包含了多样的功能并有许多利益相关人涉入此过程。治理即是在探讨整个过程中有谁参与、如何互动及如何决策的问题。[4]

非营利组织治理结构包括理事会、监事会以及执行机构，这些核心机构的良好运转一直以来是学者们关心的话题。Dennis R. Young 认为：治理通常围绕理事会的角色及运作进行，它已

---

〔1〕 Lyons, Mark, *Third Sector*: *The contribution of nonprofit and cooperative enterprise in Australia*, Allen & Unwin, 2001.

〔2〕 Salamon, Lester, *The International guide to NonProfit Law*, John WIley&Sons, Inc. 1997.

〔3〕 康晓光、冯利：“中国 NGOs 治理：成就与困境”，载［美］丽莎·乔丹、［荷］彼得·范·图埃尔主编，康晓光等译：《非政府组织问责：政治、原则与创新》，中国人民大学出版社 2008 年版，第八章。

〔4〕 官有垣：“基金会治理功能之研究：以台湾地方企业捐资型社会福利与慈善基金会为案例”，载《公共行政学报》2002 年第 7 期。

成为非营利组织能否有效运行的首要问题。[1] 刘宏鹏也指出，理事会是非营利组织治理的核心，清晰地界定理事会角色与责任是非营利组织治理的首要课题。[2]

Caver J. 将非营利组织治理视作一种引领组织成功的决策机制与原则，他认为组织的决策权赋予董事会（理事会），以使它的权威与其负有的对所有组织活动的社会责任相匹配。与此同时，他毫不讳言尽管董事会被赋予组织治理的终极权威，但其治理的现实却不尽如人意。于是他在揭示董事会治理失效的基础上，提出了一系列他认为能使董事会有效发挥作用的治理原则，包括董事会角色的清晰界定、董事会与 CEO 关系协同及监督机制的建立。[3]

除了非营利组织治理问题，双重管理体制与独立性问题也是学者们关注的重点。中国特色的双重管理体制，是指非营利组织的管理工作由登记管理机关和业务主管部门来共同负责、共同监管的管理体制。康晓光等在《行政吸纳社会》一书中，分别从组织的成立环节、治理环节、资源获取环节以及活动开展环节描述了第三部门受到政府控制的情况，并考察了政府的控制手段。[4]

---

〔1〕 Dennis R. Young, *Governing, Leading, and Managing Non-profit Organizations: New Insights from Research and Practice*. San Francisco: Jossey-Bass, 1993, pp. 68 ~ 89.

〔2〕 刘宏鹏："非营利组织理事会角色与责任研究——基于中美比较分析的视角"，载《南开管理评论》2006 年第 1 期。

〔3〕 Carver J., *Boards that make a difference: a New design for leadership in nonprofit and Public organizations*, San Farncisco: Jossey-Bass, 1990, p. 1.

〔4〕 康晓光、韩恒、卢宪英：《行政吸纳社会——当代中国大陆国家与社会关系研究》，世界科技出版公司 2010 年版，第 140 页。

田凯认为在双重管理体制下，非营利组织由此失去了对组织内部事务的决策权，一些本属于非营利组织内部决策的权力被纳入到政府的运作体系中。尽管理事会仍是决策机构，但事实上理事长、副理事长、秘书长等核心人物大多由业务主管部门进行直接任命。当决策权被架空之后，理事会失去了有效发挥作用的基本土壤。[1]马昕认为，现有非公募基金会的发展受到业务主管单位的限制。在现有体制下，我国也有个别非公募的基金会找到了业务主管单位得以登记成立，但是这些非公募基金会的发展并不理想。个别业务主管单位控制基金会的人员和财务，把非公募基金会视同自己的下属部门进行管理，影响了基金会自主决策，限制了基金会的积极性。[2]

徐永光提出，非公募基金会的独立性体现于其独立于政府、独立于企业、独立于创办者的社会性格。基金会的章程所确定的宗旨使命是其灵魂所系，所确定的治理结构是其骨架所在。制度的“先天”优良条件并不意味非公募基金会的“后天”发展必然健康。最令人担忧的是对机构独立性的追求和实现。一些非公募基金会无论在人力资源、办公场所还是资金来源上对创办者有着严重的依赖关系，有的甚至直接由公司员工兼任基金会管理职务。与公募基金会相比，非公募基金会保持其独立性并无制度障碍，但从现实状况看，相当数量的非公募基金会连形式上的独立都不具备，理事会形体虚设。这是值得业界格

---

〔1〕 田凯：“中国非营利组织理事会制度的发展与运作”，载《经济社会体制比较》2009 年第 2 期。

〔2〕 马昕：“非公募基金会及其管理体制研究”，载《中国民政》2004 年第 6 期。

外注意的问题。[1]

康晓光、冯利研究认为，目前中国非公募基金会的内部治理模式主要是资金引入者主导的内部治理模式，即资金引入者和主导理事会决策者是一致的。换句话说，“钱是谁找来的，谁就说了算”是这些非公募基金会的普遍特点，资金引入者主导着理事会的决策。社会公有与私人（资金引入者）控制是当前非公募基金会治理中存在的最严重、最根本的问题。[2]康晓光等人还在《依附式发展的第三部门》一书中表达了这样的观点：正是因为政府、企业家、海外力量的强大，第三部门才表现出“弱独立性”或“强依附性”。在此基础上，该文章还分析了独立性、资源支持、自主治理三者之间的关系。[3]

程昔武发现：一些组织理事会成为“橡皮图章”是一个比较普遍的问题。造成这一问题的原因是制度设计上的缺陷。例如，根据《基金会管理条例》的规定，基金会实行双重管理体制，既有登记管理部门，又有业务主管单位，同时基金会还必须建立理事会，作为组织的决策机构。这样一来，业务主管单位和理事会究竟谁是决策者，谁对组织的重大事项和人事任免有决策权，各自的职责和权力又是什么，这些问题在实践中十分模糊，理事会的决策权又由于缺乏制度保证而难以执行，因此，在实践中常会出现这样的情形：理事会自动退位变成摆设，

---

〔1〕 徐永光：“非公募基金将背负起中国第三部门的希望”，载搜狐公益：http://gongyi.sohu.com/20090707/n265044596.shtml，2009 年 7 月 7 日。

〔2〕 康晓光、冯利：《2009 年中国非公募基金会发展报告》，社会科学文献出版社 2009 年版，第 8 项。

〔3〕 康晓光等：《依附式发展的第三部门》，社会科学文献出版社 2011 年版，第 95 页。

造成组织内责权不明确。[1]

上述非营利组织治理方面的相关研究，致力于构建一种适合于非营利组织发展的治理模式，特别是注重理事会在治理当中的核心作用，避免出现类似公司治理中的内部人治理等现象，尤其是厘清了非营利组织治理不同于营利组织治理之处，对大学基金会治理有着重要的参考价值。但大学基金会不同于一般的非营利组织，它的有效治理需要更具针对性的研究，这方面研究有待加强。

第四节 事业单位法人治理结构相关理论

从依附关系来看，大学—基金会关系与计划经济时期的政府—事业单位关系具有一定的相似性。在 1985 年事业单位改革前，事业单位完全置于严格的计划管理体制之内，成为各级党政机关的附属机构。在长期的“行政化”影响之下，事业单位内部管理机构往往仿照党政机关设立，等级特征明显，形成了官僚式的事业单位管理模式。同时，事业单位对政府资源的过度依赖也影响了事业单位公益职能的有效发挥。因此，考察事业单位改革、事业单位法人治理结构领域的相关研究文献，有助于规范大学与其基金会关系、改善大学基金会治理。事实上，大学作为一种特殊的事业单位，也被纳入了广义的事业单位之中。

---

〔1〕 程昔武：《非营利组织治理机制研究》，中国人民大学出版社 2008 年版，第 113 页。

针对事业单位管理体制中存在的突出问题，从改革开放中期开始，我国对事业单位管理模式进行了一系列的体制改革。改革的基本方向是通过制度创新，分阶段扩大事业单位自主权，使事业单位从行政色彩浓厚的党政机关附属物，逐步转变成为公益特征主导且相对独立的法人组织，进一步提高事业单位积极性和创造性。在前期事业单位改革成果的基础上，2011 年 3 月，中共中央、国务院印发《关于分类推进事业单位改革的指导意见》，明确提出了建立和完善事业单位法人治理结构的改革方向和原则要求。随后，国务院办公厅印发了《关于建立和完善事业单位法人治理结构的意见》，为事业单位改革确定了整体目标。事业单位改革问题涉及面广，情况复杂，本书仅仅关注其中与大学基金会治理机制完善相关的法人治理结构部分，有所侧重地获取有益信息。

事业单位法人治理结构是指事业单位各种利益相关者在决策、执行、监督过程中，为实现公益目的而形成的一系列组织架构和制度安排。事业单位法人治理结构的组织架构主要包括理事会或董事会及其领导下的管理层。〔1〕关于建立健全法人治理结构，指导意见中明确要探索建立理事会、董事会、管委会等多种形式的治理结构，健全决策、执行和监督机制，提高运行效率，确保公益目标实现。〔2〕

丁茂战等人认为改制后的事业单位内部组织结构往往采取与政府行政机关基本雷同的科层制模式。这在一般情况下是便

〔1〕 岳云龙、陈立庚："事业单位法人治理结构问答（1）"，载《中国机构改革与管理》2012 年第 5 期。

〔2〕《中共中央国务院关于分类推进事业单位改革的指导意见》。

于管理的，但也往往使性质各异、工作方式各不相同的事业单位受到组织机构的束缚，难以更有效地开展工作，同时也会造成事业单位“行政化”。改革事业单位内部组织结构，就是要打破这种单一的组织结构模式，根据不同类型事业单位的特点，吸收借鉴企业组织机构建设中的一些有益经验。[1]

岳云龙认为，根据我国的具体情况，事业单位法人治理结构宜采用理事会形式，大的单位还可考虑成立监事会及其他专门委员会。理事会的构成因单位类别的不同而有所区别，一般由主管部门代表、出资人代表、服务对象代表、相关专家学者和事业单位行政负责人组成。理事会成为事业单位的决策机构后，事业单位主管部门就在无形中被虚化了，作为旧体制基础的部门管理就从根本上受到了动摇，由此带来的一系列体制性弊端也有望得到有效解决。[2]

王千华、王军认为，事业单位改革应建立法定机构制度，使“政事关系”和事业单位法人治理结构法定化。“主管事业单位—下属事业单位”的“两级事业单位”模式和多政府部门代表参与的“主管事业单位”理事会制度框架，应作为事业单位法人治理结构的主要内容，这有助于解决“管办分离”后重建“政事关系”和政治支持问题，保证事业单位的独立性。[3]

朱光明从优化事业单位行政首长产生机制角度，提出推行

---

〔1〕 丁茂战主编：《我国政府社会事业治理制度改革研究》，中国经济出版社2006年版，第91页。

〔2〕 岳云龙：“从传统管理到现代治理——事业单位改革的目标取向及路径选择”，载《中国行政管理》2008年第4期。

〔3〕 王千华、王军：“事业单位的理事会制度创新”，载《开放导报》2007年第5期。

行政首长聘任制，完善事业单位法人治理结构的建议。他认为现行事业单位的行政首长只是作为政府代表按照指令行事，仍由政府直接任命，本身就是“行政事业一体化”的体现。因此，只要这种产生方式不变，无论什么措施都不会使政府与事业单位的隶属关系发生实质改变。他主张实行聘任制，使政府与事业单位负责人转变成平等的人事主体，通过聘用合同来进行约束，同时将事业单位的业务范围、目标任务以及政府提供的资源进行规范，使两者变成契约关系。[1]

牛占华分析了事业单位法人治理结构构建过程中遇到的一些问题：一是事业单位法人自主权落实不到位；二是相关配套政策不完善；三是外部理事代表性及公正性不够。在此基础上，他提出在改革推进中要处理好的几个关键问题：一是事业单位的理事会不能照搬公司董事会的运作模式；二是事业单位的理事会不能照搬行政机关的决策机制；三是要处理好与现行事业单位管理各项政策、制度的关系。[2]

吴海燕分析了当前事业单位改革过程中“政事分离”的不彻底性。她认为，通过建立法人治理结构，行政主管部门将事业单位的部分经营决策权授予理事会，变原来的行政主管部门领导决策为事业单位理事会决策，政府与事业单位间的官僚层级关系由于理事会的建立受到了一定程度的限制，减弱了其行政干预特征，行政主管部门应只限于影响理事会运作来影响事

〔1〕朱光明：“政事分开与事业单位改革的路径选择”，载《政治学研究》2006年第1期。

〔2〕牛占华：“关于事业单位法人治理结构的几点认识”，载《中国机构改革与管理》2012年第3期。

业单位。与此同时，政府通过派代表担任理事与理事长等方式体现政府的意志，参与理事会的决策，理事会的权限主要是审议事业单位的重大事项而非真正拥有决定权，建立了法人治理结构的事业单位只是适度享有自主权。[1]

因此，彻底实现“政事分离”，构架良性运转的事业单位法人治理结构，不能不考虑组织与政府的关系。朱光明认为，现代事业制度的建构前提是必须对事业单位与政府、市场、社会之间的关系做出界定，其中与政府的关系是重点。只有理顺政府与事业单位之间的应有关系，才能对事业单位承担的公共服务项目进行合理区分，以此明确事业单位承担的社会责任与功能。[2]

综上所述，事业单位法人治理结构相关文献中关于政事关系、理事会构建、政府转变职能等方面的论述，对研究大学基金会有着积极的借鉴意义，特别是为厘清大学与其基金会关系提供了有益参考。

第五节 大学基金会治理问题相关研究

综观关于大学基金会的相关研究，大部分文献着重从组织结构、捐赠资金筹集、基金会发展环境等方面来梳理、批判，较少能就治理、治理结构问题本身进行反思。本书对为数不多

---

〔1〕 吴海燕：“法人治理结构改革中的政事关系：从官僚层级关系到交易关系”，载《深圳大学学报（人文社会科学版）》2013 年第 1 期。

〔2〕 朱光明：“政事分开与事业单位改革的路径选择”，载《政治学研究》2006 年第 1 期。

的关于大学基金会治理问题的文献进行了梳理与归纳。

有祥君运用“非对称依赖关系”概念对大学与其基金会关系进行研究，他认为，我国高等学校教育基金会通常是由高等学校出资设立的，并且高等学校教育基金会的运作依存于高等学校，二者之间存在着非对称性的依赖关系。文章分析了高等学校与其教育基金会非对称关系形成的原因（使命、组织管理模式）以及其中的法律问题（性质、行政隶属、分类、监管缺失），进而提出加强高等学校基金会治理的路径选择。[1]这篇文章较为深入地研究了大学与其基金会的关系现状，定位较为准确，然而对“非对称依赖关系”的现状与背后的体制问题解释不足。

部分学者针对大学基金会组织依附于大学的现状进行了相关研究。郭秀晶认为，我国大学大多将基金会当作学校的一个职能部门对待，管理模式多以行政管理型为主。该模式的问题在于管理方式传统僵化，不能充分调动基金会的积极性，存在管理方式不够灵活、办事效率较低等问题，并不能完全适应变化了的社会捐赠环境。基金会应该逐步建立适应市场规则的大学基金会管理制度，按照独立社团法人的要求，将捐赠资金管理的诸多环节依照市场规律进行运作，分阶段淡化大学行政色彩。[2]

谢永超在其博士论文中认为当前我国大学基金会大多作为

---

〔1〕有祥君：“我国高等学校及其教育基金会的非对称性依赖关系研究”，载《中国高教研究》2012 年第 1 期。

〔2〕郭秀晶：“我国高校教育基金会的现状分析与发展路径选择”，载《天津大学学报（社会科学版）》2009 年第 3 期。

学校的一个校内部门存在，普遍存在缺乏独立性的问题。这种管理模式由于没有相应的激励机制，使基金管理人员缺乏工作积极性，不会想方设法地进行多渠道投资来获得投资收益，很难做到捐赠基金的保值、增值。[1]吴志标认为，大学教育基金会自成立以来往往贴有大学标签，处于附庸于大学的状态，基金会办公地点在大学内部，人员大多由学校工作人员担任，相应的决策权在很大程度上受制于所在大学，基金会不能正常地享受民事权利和承担民事责任，大学教育基金会在很大程度上变为学校的附庸，失去了应有的民间组织独立地位。[2]

陈秀峰从社会互构论视角出发，认为目前我国的大学基金会作为大学发起的致力于筹措教育经费的民间组织，在性质上无行政职能，却有行政性，是社会团体，却又缺少纯粹社会团体的基本特征。这种业已存在的双重性决定了大学基金会自成立伊始就与所在大学保持着密切的关联。[3]他还从社会学视角出发，认为基金会与学校是一种互构关系，这意味着双方的地位应当是平等的，在合作中应当遵循互惠互利、互构互塑的原则，而不是上下级式的服从关系。但在实际中，大学基金会的领导多由学校行政领导兼任，其实质体现的就是学校行政机关对基金会的绝对领导。因此，作为两个既相互独立又高度相互依赖的社会部门，只有实现两者的平等互利合作才能实现学校

---

〔1〕 谢永超："大学捐赠基金管理策略研究"，天津大学2009年博士学位论文。

〔2〕 吴志标、邓云洲："大学基金会发展困境及其路径选择"，载《教育导刊》2012年第6期。

〔3〕 陈秀峰：《当代中国大学教育基金会研究》，中国社会科学出版社2010年版，第3页。

福利的最大化目标。[1]

范文亮、孟东军从财务会计角度分析了大学基金会与大学关系中有待厘清的问题。大学基金会在体制、人员编制等诸多方面受制于所在大学，固定资产核算、人员经费、水电等业务活动支出仍在大学构架内进行，没有成为真正的社团法人。会计核算主体不明确，造成了会计信息失真。[2]西南交通大学教育基金会张坤认为，行政化管理模式在一定程度上制约了大学基金会的发展。大学教育基金会理应是独立的基金会法人，资金运作与管理都应该依照市场规律自主进行。然而，目前基金会更多地作为校内行政管理部门存在，这种模式使基金会出现了诸多问题。此外，基金会管理人员大多是从校内其他部门抽调，缺乏基金会管理工作的基本经验，工作主动性、创造性有待提升。由此，要实现大学基金会的健康发展，首先要保证其组织独立性的回归，以此为基础提升项目管理、资本管理的自主性，逐步培养一批具有基金会管理经验的专业管理团队。[3]

魏晓栋认为当前我国大学基金会在行政隶属与法律地位方面存在相互冲突的问题。按照相关法律规定，教育基金会是具有与大学平等地位的独立法人，然而很多大学将其参照为校内行政部门进行管理，日常运行经费由学校财务处审批，工作人员编制由学校人事部门解决，整体上受制于大学并接受其领导。

---

〔1〕 陈秀峰：《当代中国大学教育基金会研究》，中国社会科学出版社2010年版，第78~79页。

〔2〕 范文亮、孟东军：“高校教育基金会会计核算探析——从《民间非营利组织会计制度》谈起”，载《教育财会研究》2005年第3期。

〔3〕 张坤：“探讨高校教育基金会筹集、管理及可持续发展”，载《经营管理者》2012年第24期。

此外，由于监事大多由学校指派，一般是由本校的领导任职，监事独立性与专业性不足，同时也很难避免出现内部包庇等问题。[1]戴志敏等人认为，大学基金会发展过程中携带着单位制风格的原因在于大学保留着“单位制”的习性。他们还认为，当前基金会在办公经费、工资、福利、资金等方面对大学形成了依赖。[2]

范跃进认为，很多基金理事会与校友会合署办公，有的大学在发展委员会的组织结构内又建立了包括基金会、董事会和校友会在内的筹资机构。即使有的大学成立了相对独立的基金会，但由于人员不足、缺乏必要的物质条件和激励机制，基金会也难以发挥作用。目前，教育部门和基金会监管部门都没有出台大学教育基金的治理准则和治理指引。因此，对于大多数大学来说，并没有自我完善基金治理结构的动力。[3]

鲁小双认为大学基金会理事会在决策过程中呈现出形式化的趋势。鲁小双认为大学基金会理事会在内部治理过程中发挥着重要的作用，但目前理事基本上全部来自于学校领导，因此大学基金会对大学产生了较强的依附性，日常运行类似于大学内部其他管理部门。在此基础上，他提出了加强基金会内部治理的思路，首先，理事会成员需要多元化；其次，要建立良好的治理规则，形成权威、运作高效的理事会，充分保证大学基

---

〔1〕魏晓栋：“高校教育基金会实际运作之法律问题分析”，载《煤炭高等教育》2011 年第 4 期。

〔2〕戴志敏、石毅铭、蒋绍忠等：《大学教育基金会管理研究》，浙江大学出版社 2010 年版，第 129 页。

〔3〕范跃进、孙国茂：“大学教育基金与现代大学制度”，载《东岳论丛》2013 年第 1 期。

金会的独立性；最后，逐步优化监事组成，尝试邀请捐赠方加入到监事中来。[1]

潘乾、谭宝华认为大学基金会应与其他基金会区分管理，在大学管理与基金会自治两方面找到最佳结合点。他们认为，尽管大学基金会依托于大学发起成立，其管理应该在一定程度上接受学校的监督和指导，然而大学基金会是作为独立民事主体存在的，理应以自己的名义独立开展筹资和资助活动，以自己名义独立承担法律责任，形成一定的意思自治，进而独立于业务主管单位，独立于出资人。[2]李晓新等人运用法律观点对大学基金会独立性问题进行了类似的分析，他们认为，目前大学与其基金会普遍存在职权相混淆的情况，虽然带来了管理层面上的便利，但不符合设立大学基金会的法律初衷。大学基金会是由大学所设立的，但对于所设立大学而言是相对独立的法人组织，能够以自己名义独立开展募捐等活动，独立承担民事责任，是享有独立法律地位的法人组织，这种相对独立性决定了不能简单地将大学基金会与所在大学直接联系起来。在此基础上，他们从队伍建设、正确处理与大学的关系、区分附条件的赠与合同与商业合同等三个方面给出了理顺大学与其基金会关系的建议。[3]

---

〔1〕 鲁小双："大学基金会内部治理机制探析"，载《社团管理研究》2012年第11期。

〔2〕 潘乾、谭宝华："高校教育基金会发展的路径选择"，载《赤峰学院学报（科学教育版）》2011年第12期。

〔3〕 李晓新、刘晔、张宏莲："规范化与专业化：大学基金会资金管理的法律问题研究"，载《复旦学报（社会科学版）》2008年第6期。

第六节 制度同形理论

本书将运用制度同形理论，将大学对其基金会的行政化控制现象向上追溯，从源头上进行解析，加大理论解释力度。

制度同形理论产生于20世纪70年代末，是新制度流派之一，主要用来解释组织在制度结构上的趋同现象。这一学派试图解释的中心问题是：现代社会中为什么各种组织的正式结构和组织内的规章制度越来越相似？这就是所谓的“组织的趋同性问题”。[1]制度同形理论是新制度主义关注组织行为的新阶段，是对组织趋同性问题研究的新尝试。学者霍利（Hawley，1968）认为同形的概念最能体现组织同质化过程的实质，他最早描述了组织同形性的原因：同形性是一种限制性过程，迫使组织人口群体中的一个单元与其他的面临同一环境的单元相似，表明组织的特征被日益修正、调整并与环境的特征相一致。哈南和佛里曼（Hannan and Freeman，1977）极大地扩展了霍利的观点，他们指出，同形性之所以出现，是因为非优化的组织形式被淘汰掉，或者是因为组织决策者学会了对环境的适当反应并相应地调整自己的行为。[2]正如托尔博特（Tolbert）所说：一个制度成为广为接受的理性组织形式、成为社会事实后就会

〔1〕 汤晓蒙：“高等教育趋同现象探析：新制度学派理论的视角”，载《教育发展研究》2009年第3期。

〔2〕［美］沃尔特·W. 鲍威尔、保罗·J. 迪马吉奥主编，姚伟译：《组织分析的新制度主义》，上海人民出版社2008年版，第71页。

转化成为一个重要的制度力量，迫使其他组织采纳接受。[1]

美国学者迈耶和罗恩试图从组织与环境的关系出发，为特定组织场域中的组织趋同问题寻找一种新的解释机制。迈耶认为：现代社会生活中任何一个组织都处在一定环境之中，组织只有适应环境才能生存。不仅要关注组织内部的技术环境，还要考虑组织所处的法律制度、文化期待、社会规范、观念制度等为人们"广为接受"的社会事实。技术与制度这两类环境共同作用于组织，并对组织的运行和行为产生重要影响：技术环境一般要求组织要有效率，关注自身运作效率的提高；而制度环境则要求组织遵循合法性机制，即要将社会的法律制度、文化期待、观念制度等整合到组织的结构和实践中去，以求获得外部制度环境的承认与接受，并借此获得来自环境的合法性认可和相应的资源支持。[2]这样，特定组织场域内受制度环境影响的组织，在合法性机制的作用下，就会出现趋同的结果，这种因制度环境的制约作用而导致的组织之间的趋同即制度性同形。[3]

新制度学派对"组织的趋同性问题"的解释基础是"合法性机制"。合法性机制是指当社会的法律制度、社会规范、文化观念成为广为接受的社会事实后，逐渐成为规范人的行为与观

---

〔1〕 Tolbert P. S. , Zucker L. G. ,"Institutional sources of change in the formal structure of organizations: The diffusion of civil service reform, 1880 ~ 1935", Administrative science quarterly, 1983, pp. 22 ~ 39.

〔2〕 Meyer J. W. , Rowan B. ,"Institutionalized organizations: Formal structure as myth and ceremony", American journal of sociology, 1977, 83 (2) p. 340.

〔3〕 周雪光：《组织社会学十讲》，社会科学文献出版社 2003 年版，第 72 ~ 77 页。

念的力量，迫使组织采纳与这种共享观念相符的组织结构和制度。[1]这种合法性机制可以分为两类：一是强意义上的合法性机制，其认为组织的行为和组织形式都是制度所塑造的，在环境面前，组织没有自主选择性，这以迈耶与罗恩的研究为代表；二是弱意义上的合法性机制，这类研究认为，制度通过影响资源分配或激励方式来影响组织的行为，这以迪玛吉奥和鲍威尔的研究为代表。保罗·迪马吉奥和鲍威尔认为，现代组织在形式和实践上表现出极大的相似性，一旦组织领域形成就会产生同质性的巨大动力。而理解同质性现象最恰当的概念就是制度同形性，它是指在相同环境下，某一组织与其他组织在结构与实践上的相似性。制度同形性包括三种基本形式：强制同形性、模仿同形性、规范同形性。[2]

制度同形理论的核心思想是：为达到与制度环境融合的效果，获得社会合法性和组织所赖以生存的资源，组织设置与外部制度环境要求相“同构”的组织形式。根据制度学派的理解，组织在一定的技术环境中运作的同时，也在一定的制度环境中求生存，组织结构在很大程度上受到这种复杂环境因素的影响。这一理论有助于我们更好地观察当代中国教育体制下的大学发展问题，对大学发展的趋同、大学行政化管理模式的广泛应用进行解释，这些解释又使大学基金会的相关研究更加明朗，尤其是有助于理解大学基金会在发展过程中存在的治理问题和大

---

〔1〕 周雪光：《组织社会十讲》，社会科学文献出版社 2009 年版，第 75 ~ 77 页。

〔2〕 [美] 沃尔特·W. 鲍威尔、保罗·J. 迪马吉奥主编，姚伟译：《组织分析的新制度主义》，上海人民出版社 2008 年版，第 72 ~ 78 页。

学基金会自身的同质性问题，特别是治理问题背后存在的深层次体制、机制障碍。因此，关注制度同形理论是我们分析大学及其基金会组织生态的新视角，是在更广阔范围内考察组织运行的有效途径。本书将在后续核心章节运用制度同形理论，对大学自身深受体制影响进而产生组织趋同性问题、双重制度同形问题的现象进行剖析，以期厘清这种传导而来的深刻影响，剖析强制同形、模仿同形、规范同形三种同形形式同时作用于大学的典型特点，找到大学基金会治理问题的根源，为进一步提高基金会自主治理水平、改善治理问题提供参考。

第七节 对研究的述评

国外关于大学基金会研究的相关文献以及对西方大学基金会的研究紧跟社会现实，以慈善、捐赠为基础，起步较早，从不同侧面介绍了西方大学教育基金会的基本概况和运作基础，对健全我国大学基金会运行机制很有启发。但因文化基础不同，国外研究内容较为宽泛且以捐赠基金本身管理的研究为主，事实上关注的并非同一个问题或者说关注的是一个组织发展的不同阶段，可资借鉴的、对我国大学基金会治理有实质内容的研究较少，可供移植的、能够有效运作的做法尚有赖于文化与制度基础的支撑。这些做法要经过适当改良，才能适用于中国的慈善环境，适合于中国特色的教育体制。

随着我国教育事业的快速发展，国内大学教育基金会事业也迎来了快速发展期，相关领域的学者们也将眼光更多地放在了大学基金会的理论与实践研究上，形成了一批对大学基金会发展有着重要推动作用的理论成果。综上所述，国内研究方面呈现出以下几个特点：

首先，现有的大学基金会研究缺乏中外不同语境下的对比研究。现有的中外大学基金会对比研究大多从西方国家捐赠及捐赠基金的现状入手，关注点多集中于对社会捐赠本身以及捐赠现象出现的原因和背景，很少论及捐赠是通过什么机制筹集来的，缺乏从社会捐赠的平台——大学基金会角度进行的论述。此外，还有一些研究从比较的视角出发，提出了促进我国大学基金会事业发展的建议，但是忽视了中外大学基金会在发展基础上的根本差异。西方发达国家，特别是美国的大学基金会与中国大学基金会有着实质差别，美国私立大学本身即具有获得捐赠的免税资格，无需另设基金会；即使是单独设立基金会的公立大学，其在慈善基础、成立背景、治理结构、法律监督方面与中国的大学均有很多差异。目前进行中外大学基金会对比的文献大多仅将其进行简单对比，没有对中外文化差异、中外大学管理体制的差异等因素进行必要的分析，尤其是没有考察我国特定发展阶段下高等教育体制对大学及其基金会的直接、间接影响。因此，我们在借鉴西方大学基金会治理经验的同时，不能简单照搬美国大学教育基金会管理模式。要发展教育基金会事业，首先要考虑到其生长的特殊环境，要立足于我国国情以及现阶段我国教育事业发展实际来考虑问题，特别是遵循大学基金会自身的发展规律，力求本土化管理，在此基础上逐步完善高校教育基金会，促进教育事业的整体发展。

其次，关注优化大学与其基金会关系的相关研究较少。大学基金会按照《基金会管理条例》的规定是独立的基金会法人，捐赠资金的运作与管理都应该参照社会组织的特点进行。但在我国现有的高等教育体制的深刻影响下，大学基金会大多以校内所属部门的身份存在并发挥作用，这种模式必然导致高校教育基金会管理方式不够灵活等诸多问题。因此，为保证大学基金会健康、规范、持续发展，完善内部治理结构、优化与大学关系、完善管理流程显得至关重要。同时我们也应看到，大学基金会首先是大学的基金会，它有自身的运作特点和规律，不同于其他非营利组织、基金会，属于一种依附于大学之上、与其处于共生状态、具有特殊治理生态的非公募基金会。研究大学基金会，就不能不研究大学与基金会的关系以及这种关系背后的深层次原因，其中厘清其与大学的关系是梳理其治理现状的“牛鼻子”。同时，也不能脱离中国高等教育模式的实际一味谈与国际接轨。有些学者已经开始从这个角度去研究大学基金会，然而，现有理论文章多从高校自身内部环境与社会外部环境两方面阐述我国大学社会捐赠数量少的具体原因；多从筹资、投资体系建设等操作层面进行大学基金会管理层面的相关研究，缺乏从体制层面进行的深度思考，没有找到大学基金会发展特殊阶段的症结，关注基金会治理方面的研究较少；描述的多，深度剖析体制原因的少；针对大学基金会依附大学的现象，深入剖析大学与其基金会的现实模式，在管理与治理、依附与自主之间寻找最佳平衡点的研究较少，特别是没有结合大学行政化问题，对依附背后的深刻内涵进行挖掘，等等，这些不能不说是当前大学基金会研究的一个缺憾，与之相关的研究有待深入。

再次，《基金会管理条例》等相关法律法规对基金会行业的健康发展起到了积极的引领作用，为其繁荣与发展、在教育领域发挥应有作用提供了良好的契机。然而，《基金会管理条例》相关条款规定得较为笼统，没有充分体现基金会差异化管理的客观要求。大学基金会作为一种较为特殊的非公募基金会，其总资产已经占到全国非公募基金会总资产总量的45%，且发展态势迅猛。此外，大学基金会在实际运行过程中，呈现出诸多与其他非公募基金会不同的特点，如不得面向公众募捐等。但其在募集资金过程中，事实上难以区分特定与不特定人群的概念，情况较为特殊。因此，通用性的非公募基金会管理措施难以适用于大学基金会，适合大学基金会的管理措施亟待施行，以便对大学基金会的运作有更为明确的规范。而目前现有的大学基金会研究较少从这个角度进行，未能对大学基金会的内在特征进行梳理，这是亟待加强的一个重要方面。只有加强对大学基金会的专题研究，才能为今后制定相关的政策法规奠定基础。

最后，现有制度同形理论未能对行政干预、行政强制条件下的制度同形、组织趋同进行深入研究。同时，现有理论也未能解释组织处于交叉场域情况下的双重制度同形问题。本书将依托大学与其基金会的特殊关系，在大学行政化的背景下尝试对这一问题进行解析。

第三章
大学基金会基本概况

现代意义上的基金会、大学基金会均起源于欧美国家。我国大学基金会起步较晚，因国情不同，国外可资借鉴的内容较少。要厘清目前中国当代大学基金会的发展现状，进而对其系统的研究，首先需明确大学基金会的组织内涵及其分类标准，尤其是要回顾其在特定政治经济条件下的发展历程，把握其内在发展规律。本章将从大学基金会的发展历程回顾、定义与分类、特征、功能概述等方面进行阐述，以期比较全面地介绍大学基金会这一组织形式，为后续描述、论证打下基础。

第一节　大学基金会的发展历程

大学基金会作为基金会的一个分支，是伴随着基金会的发展而发展起来的。基金会雏形最早产生于英国。自 15、16 世纪起，英国开始出现一些类似基金会的组织机构，它们大多从属于宗教部门，作为慈善机构为当地的教民提供一定的生活帮助和宗教教育服务。自 1601 年《伊丽莎白法规》颁布以来，慈善机构具备了私人和公共的双重职能，具有了一定的独立地位。《伊丽莎白法规》在多方面都有开创性，如实际上开始了调节税收制、慈善事业世俗化、援助对象社会化以及有效的管理监督机制等，因此在公益事业史上被认为具有里程碑意义，是现代公益的先声。[1]基金会传到美国后逐渐发扬光大，真正意义上的基金会组织正是出现在 20 世纪初的美国。美国社会经济发展所创造的物质条件，加上多元包容的社会文化传统，孕育出了现代意义上的基金会这种特殊的社会组织形式。与基金会的发展历程类似，大学基金会也正是在这样的社会背景下逐步成熟起来的。对大学基金会在美国发展历程的回顾，有助于了解大学基金会在萌芽、发展、壮大等不同时期的时代特征，有助于明白究竟哪些社会经济文化因素对大学基金会发展有实质影响。

一、美国大学基金会的发展历程

17 世纪中期，由《伊丽莎白法规》开始，新的慈善事业开始在英国广泛实施，同时随着英国人向美国大规模移民，这一新兴事务也随着早期的殖民者被传到了新大陆。[2]虽然真正意义上的美国大学基金会开始于 20 世纪末，但教育捐赠的历史可以追溯到 17 世纪中期。因此，美国的大学基金会发展处在教育捐赠、美国现代大学基金会两条主线之上，是在美国教育捐赠

---

〔1〕 资中筠：《财富的归宿：美国现代公益基金会述评》，生活·读书·新知三联书店 2011 年版，第 11 页。

〔2〕 肖杨、严安林：《台湾的基金会》，九州出版社 2009 年版，第 14 页。

发展的基础上制度化、规范化而发展起来的。因此，对教育捐赠历史的梳理有助于更加全面地掌握美国大学基金会的历史沿革。在这一时期，美国大学教育捐赠主要经历了1638年约翰·哈佛对哈佛学院的捐赠以及1718年伦敦富商埃里胡·耶鲁对耶鲁学院的捐赠等重要事件。

美国高等院校源于殖民地时期的英国式学院，这种学院大都由各宗教教派或慈善家创办，并须获得英国国王颁发的办学特许状，一般由董事会委托校务委员会管理。15世纪末，自欧洲通往美洲的大西洋航道被哥伦布开辟出来以后，欧洲人纷纷远涉重洋来到美洲。17世纪初，首批英国移民到达北美，在那里开拓自己的"伊甸园"——新英格兰。移民中有一百多名清教徒，曾在牛津和剑桥大学受过古典式的高等教育。为了让子孙后代在新的家园也能够受到这种教育，他们于1636年在马萨诸塞州的查尔斯河畔建立了美国历史上第一所学府——哈佛学院。哈佛学院创建人之一的约翰·哈佛，在学院诞生后第二年就被肺病夺去了生命。临终前，他留下遗嘱：将他的一半遗产（约780英镑和320卷图书）捐赠给襁褓中的学院。[1]1639年，学院以哈佛的名字命名为哈佛学院。这个捐赠兴学的先例，后来形成一种传统，贯穿在哈佛校史中，并旁及和贯穿在后起的美国大专院校的校史中，一直延续至今。[2]1641年，威廉·赫本斯（William Hibbens）离开波士顿前往英国伦敦为艰难困苦中的哈佛寻找经济帮助。一年后赫本斯带着筹措到的500英镑回

〔1〕 姜文闵：《哈佛大学》，湖南教育出版社1988年版，第23页。
〔2〕 姜文闵：《哈佛大学》，湖南教育出版社1988年版，第24页。

到哈佛大学，帮助哈佛解决了早期办学的财政困难。[1]

1701年，以詹姆士·皮尔庞为首的一批公理会传教士说服康州法院同意成立一所教会学校，使青年“可以学习艺术和科学……为教会和国家服务”。10位受托管理学校的牧师从他们藏书不多的图书馆里拿出40本书，作为建校的资本。1718年，东印度公司的商人埃里胡·耶鲁将9包东印度群岛的各种纺织品、417本书和乔治一世的肖像一并捐赠给当时的赛布鲁克学院(Saybrook)，这些捐赠品在波士顿被卖了800美元，被用来建立耶鲁大学。[2]

捐赠的获得，使襁褓中的美国大学得到了其生存所必需的财政支持。这些事件开启了美国大学利用捐赠主动筹款的先河，成为历史上最早的高等教育筹款实践，开创了大学主动向社会请求自愿捐赠的模式，开拓了大学的筹资渠道，使大学的资金来源更加多样化。更为重要的是，捐赠高等教育的哈佛精神成为美国社会的优良传统，为今后美国大学以基金会为平台获取捐赠打下了基础。这一时期可谓美国教育捐赠的萌芽阶段。

其后，美国教育捐赠的法律地位逐渐确立，标志性历史事件是1819年的达特茅斯学院案的判决。达特茅斯学院案的判决结果从法律上肯定了私人办学的权利，明确了私立学院的法理基础，承认私立学校的合法性，加速了美国私立高等院校的发展，促进了美国州立大学的形成。达特茅斯学院案客观上鼓励

---

〔1〕 乔卉：“美国哈佛大学资金筹措方式研究”，首都师范大学2007年硕士学位论文。

〔2〕 Illustrated timeline of Yale's history，http://www.yale.edu/about/history.html，2014年10月1日。

了私有企业、民间组织（如基金会）的蓬勃发展，为美国大学更广泛地吸引社会捐赠打下了良好基础。

也是在这一时期，为了更好地管理捐赠资产，一些大学在积极争取社会捐赠的同时，也开始尝试着进行资产管理，使其保值和增值，不断加强和改善大学的财务状况。1732 年，哈佛大学通过改革财务管理制度，开始涉足投资领域，当年哈佛的资产投资为学校带来 728 英镑的收入，开创了大学利用捐赠资产投资并盈利的先河。1789 年，学校的投资市值已经超过 3 万英镑。这要得益于哈佛的司库艾本奈茨·斯道尔（Ebenezer Storer）的精明管理，他开始用两个账户来管理学校财产，一个是现金账户，一个是特别账户。特别账户用来购买政府债券和其他能带来回报的投资，到 1793 年这些投资收益达到 18.2 万美元。[1]

19 世纪末 20 世纪初，经济加速增长与贫富差距悬殊并存，在遗产税、捐赠减免税等优惠政策激励下，美国社会出现了持续近半个世纪的基金会发展高潮，涌现出了一批至今影响深远的教育基金会。1890 年，耶鲁大学建立了美国第一个校友基金会，专门接受和管理校友的捐赠。1893 年，堪萨斯大学设立了基金会，成为第一个设立大学基金会的公立大学。1925 年，哈佛大学也在几位校友的建议下成立了哈佛基金会。

这一时期，美国出现了许多由大财阀和垄断组织捐资创办的基金会。1911 年卡耐基基金会成立，两年后卡耐基基金会捐助高等教育的总金额为 560 万美元，比当年联邦政府对于高等

---

〔1〕 Karpp G. P., *American College and University Sericies*, J. J. Harvard, New York: Oxford University Press American Branch, 1914, p. 28.

教育的投资总额还多出近60万美元。洛克菲尔也捐赠60万美元成立芝加哥大学。其他基金会（如史洛恩基金会）也向麻省理工学院捐赠了6400万美元。

与之前教育捐赠明显不同的是，这一时期的教育捐赠具有更加明确的学科定位。费城制造商约塞夫·沃顿向宾夕法尼亚大学提供大量捐赠设立了沃顿商学院；1900年，纽约市的一群商人资助纽约大学成立了商业、会计和财经学院；哈佛大学则从银行家兼实业家乔治·贝克那里获得了500万美元开展经济管理研究生教育。在此背景下，很多大学为了适应新的教育捐赠形式，利用教育捐资创办自己的基金会，更好地管理捐赠。

20世纪50年代以后，美国的大学基金会迅速发展。当年，哈佛基金和现在一样是全国最大的基金，捐赠资金规模达到了1.91亿美元，耶鲁是1.02亿美元，哥伦比亚大学是8200万美元。[1]

20世纪70年代到90年代，越南战争和里根政府的改革方案，使得政府教育拨款在大学财政收入中的比例不断下降。1970年，政府对大学的拨款占美国大学财政收入的50%，到90年代，只占大约33%。[2]1969年，税法修正案和对基金会新的管理办法等对基金会加强了控制，使其运作更加规范，财务公开、年度工作报告成为制度，相应地，教育基金会的内部管理更加公开透明并且趋向科学化。

---

〔1〕 Sutton, Francis X., "The Ford Foundation and Columbia", Paper prepared for the University Seminar on Columbia University. Columbia University, November 16, 1999. (beatl. barnard. columbia. edu/cuhistory/fordfoundation. htm)

〔2〕 王逢振主编：《美国大学批判》，天津人民出版社2004年版，第78页。

在美国深刻的社会危机和政策变革的大背景下，美国的大学为满足学校日常运行和自身迅速发展带来的日益膨胀的经费需要，积极面向非政府的社会团体和个人主动开展大规模的筹款运动，筹措金额目标不断提高，筹款业绩快速增长。大规模筹款运动的成功，不仅极大地弥补了大学日常经费的不足，成为大学财政收入的重要和稳定的来源，更成为促进大学长期持续发展的重要推动力。[1]

20世纪80年代初，美国67%的州立大学建立了负责筹款工作的基金会，这一比例在1987年发展到86%。这一时期，不仅著名大学延续着传统的筹资风格，其他各类大学也加入了争取社会捐赠的大军。全美各大城市的公立大学（包括二年制社区大学）纷纷开展向社会筹款工作，不断增加筹款工作力度，取得实效和业绩。

20世纪90年代，教育基金在美国发展得更加迅速，大学争取社会捐赠呈现出新的特点。在哈佛等私立大学的影响下，为解决财政困难，包括公立大学在内的美国各大学在竞争环境下求生存、求发展，主动开展大规模的筹款运动。2013年9月，哈佛大学启动大型筹款计划“哈佛运动”，计划2018年前募集65亿美元，创大学基金募款目标的新高纪录。同时，在历次经济不景气、金融危机的影响下，美国大学基金会获得政府财政支持的规模、投资收益变动较大，给基金会管理带来了较大困难。例如，1980年~1993年间，联邦政府对公立大学的财政支

〔1〕许诤：“美国著名大学筹款运动的考察”，载《北京大学教育评论》2005年第S1期。

持下降了2.0%，而州政府对公立大学的财政补助下降幅度则高达8.8%。2012年，美国831所大学基金会平均投资收益仅为-0.3%，比2011财年的19.2%大幅下降。但正是因为这些不利因素，使大学基金会不断提高自己的应对能力，其管理机制、筹资策略、外部关系处理等方面逐渐成熟起来。到了2013年，平均投资收益提高到了11.7%。2013年，美国大学基金会市值超过百亿的有6家，其中哈佛大学基金会市值超过300亿美元，耶鲁大学市值超过200亿美元。[1]

2014年5月，新共和（New Republic）网站公布了一个美国十大富可敌国的大学排行榜，就采用了依照大学基金会资产进行排行的方式，并且配比世界银行公布的各国GDP数据（如图3-1，表3-1）。

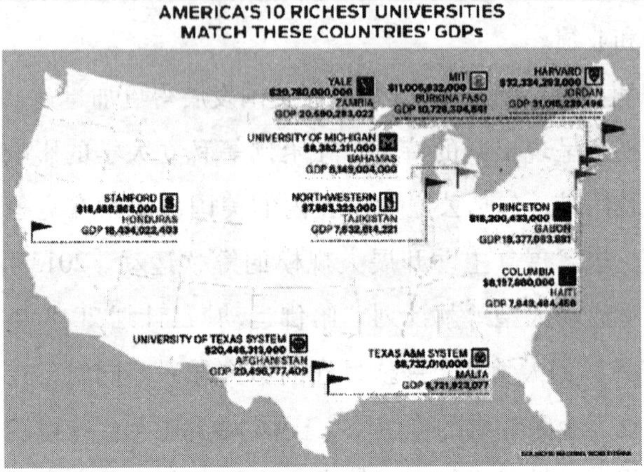

图3-1 美国十大富可敌国的大学

[1] U.S. and Canadian Institutions Listed by Fiscal Year 2013 Endowment Market Value and Percentage Change in Endowment Market Value from FY 2012 to FY 2013，http://www.nacubo.org/Research/NACUBO-Commonfund_Study_of_Endowments/Public_NCSE_Tables.html，2014-10-1.

表 3-1　美国十大富可敌国的大学与相应国家 GDP 对比[1]

单位：美元

大　学	基金会资产	国　家	GDP
哈佛大学	323 亿	约旦	310 亿
耶鲁大学	208 亿	赞比亚	206 亿
德州大学	204 亿	阿富汗	205 亿
斯坦福大学	187 亿	洪都拉斯	184 亿
普林斯顿大学	182 亿	加蓬	183 亿
麻省理工学院	110 亿	布基纳法索	107 亿
德州农工大学	87 亿	马耳他	87 亿
密歇根大学	84 亿	巴哈马	81 亿
哥伦比亚大学	82 亿	海地	78 亿
西北大学	79 亿	塔吉克斯坦	76 亿

应该说，经过长期的历史积淀，美国私立大学的捐赠基金管理、公立大学的基金会管理达到了很高的水平，筹资、投资逐渐自成体系，与大学的关系也进入了规范化的轨道。

二、中国大学基金会发展历程

（一）新中国成立前的教育捐赠事业回顾

我国有着尊师重教的优良传统，捐资助学、兴办教育在我国有着悠久的历史，中国近代高等教育的兴起始终离不开教育捐赠事业。1896 年，盛宣怀倡导捐资创办天津北洋西学学堂

[1] http://www.newrepublic.com/, 2014-10-10.

(现在的天津大学),由光绪皇帝发出谕令,从盛宣怀所管的招商、电报两局每年捐资十万两银元为办学之用。1916 年校庆时,在唐文治、蔡元培的倡导下,交通部拨款 3 万,当时的大总统捐洋 1000 元,前总理捐洋 500 元,交通部自总长以下各有捐资,加之学校师生捐款,共计 6 万元大洋兴建了图书馆。1926 年学校举办工业展览会期间,曾有国外 25 个厂家赠给学校 147 件展品(包括电机、大小机械等),有效地充实了学校的实验装置及设备。[1]1905 年,中国近代实业家张謇与马相伯在吴淞创办了复旦公学(复旦大学的前身),1912 年创办了医学专门学校和纺织专门学校(南通大学前身)、河海工程专门学校(河海大学前身),还有江苏省立水产学校(今上海海洋大学)。南开大学的创办人是中国近代著名的教育家严修和张伯苓,1918 年末他们开始筹募办学资金,在南开中学的基础上创办了南开大学。厦门大学是由著名爱国华侨领袖陈嘉庚先生于 1921 年创建的,是中国近现代教育史上第一所完全由私人倾资兴办的大学。

1901 年,西方列强强迫清政府签订了屈辱的《辛丑条约》,约定清政府要向各国赔偿 4.5 亿两白银,分 39 年偿清,年息 4 厘,本息合计逾 9.82 亿两,史称庚子赔款。但美国政府认为:更多的优惠和行政改革要比大量的金钱赔偿更合乎需要,因此在第一笔退款将要实现的 1905 年 4 月,美方代表建议清政府最好将退款直接或完全用于派遣中国学生赴美留学。后经双方多年谈判,1909 年 7 月,清政府颁布《遣派游美学生办法大纲》,

---

〔1〕 马宽强等:“高校教育基金会文化建设的思考”,载《中国高等教育学会教育基金工作研究分会首届学术年会论文集》2007 年第 2 期。

并在北京设立游美学务处，附设游美肄业馆。1910年10月，这个肄业馆因地处清华园，遂更名为清华学堂。[1]美国为保证退款不被中国政府拨入国库，经美国国务院同意，要求中国特设一个机构来进行管理，这个机构的名称就叫中华教育文化基金会。这个基金会事实上起到了为大学提供资金支持的作用，可谓现代大学基金会的雏形。

1921年，东南大学借鉴欧美大学的模式率先设立了大学董事会，它依靠有社会影响的董事寻求舆论和经济上的赞助。在董事会的影响下，东南大学开始陆续接到海内外的社会捐赠。1922年，美国洛克菲勒基金会中国医药部拟在中国科学力量最强的大学建造一座科学馆。调查结果认为东南大学科研力量居全国之首。1923年，东南大学主楼口字房遭火灾。经校董会、洛克菲勒基金会等几方面协商，决定在口字房旧址建造科学馆。科学馆于1924年动工，1927年落成。落成后，洛克菲勒基金会又捐助仪器设备费5万美元。这是我国大学接受的第一笔海外基金会捐赠。

（二）新中国成立到20世纪70年代末——中国大学基金会的蛰伏期

1949年新中国成立以后，政府将私立大学和教会大学收归国有，建立起由国家统一拨款的高等教育管理体制，大学获得的经费基本上来源于政府根据学校规模、学生人数而定的财政拨款，大学自主筹资失去了其必要性。同时，随着计划经济体

---

〔1〕李致忠："中华教育文化基金会与国立京师图书馆"，载《国家图书馆学刊》2008年第1期。

制的建立，人们的生产和生活都由国家和集体统一安排与调配，人们在一种财富高度平均、薪酬基本一致的条件下生活，手中可资支配的收入较少，长期的平均主义和物资匮乏使公益慈善失去了发展的经济基础，民间的慈善活动基本停止，大学接收社会教育捐赠失去了生存的土壤。这一时期是社会教育捐赠与大学基金发展的停滞期。

（三）20 世纪 80 年代～90 年代——中国大学基金会的初创探索期

新中国成立后我国沿用近三十年的传统高等教育管理模式在改革开放的新形势下日益暴露出弊端，很难调动社会、个人投资教育的积极性，成为长期困扰我国教育可持续发展的一个重大障碍。党的十一届三中全会以后，社会主义经济体制改革的不断推进，为基金会事业繁荣发展提供了广阔空间，推动了我国现代历史上第一批公益性基金会的产生。这一时期，中国儿童少年基金会、宋庆龄基金会、中国残疾人福利基金会、中国青少年发展基金会相继成立，标志着中国现代基金会的开始。特别是国务院 1988 年发布的《基金会管理办法》和 1989 年颁布的《社会团体登记管理条例》，标志着中国的基金会事业进入了一个新的发展阶段。伴随着这一进程，基金会事业迎来了快速发展时期，社会公益氛围日渐浓厚，教育捐赠、大学基金会事业在这一阶段也逐渐起步。

为更好地促进我国高校教育事业的发展，暨南大学借鉴国外成功经验，在用活外来资金方面进行了有益尝试。1986 年，暨南大学教育基金会由荣毅仁、霍英东、马万祺等校董发起并在香港注册成立，该基金会的宗旨是“加速暨南大学的现代化建设，提高其教学质量和科研水平，资助教师出国深造，延聘国外或港澳专家来校讲学，设立奖学金，选派学生出国留学，引进先进学科课程、仪器设备并全面参与各项人才培训计划，借以满足港澳地区及华侨社会对人才的需求”。基金会设立理事会作为执行机构，荣毅仁先生出任理事长，马万祺、霍英东等任副理事长。

1993 年 2 月，中共中央、国务院印发了《中国教育改革和发展纲要》，强调“必须充分发挥各级政府、社会各方面和人民群众的办学积极性，坚持以财政拨款为主、多渠道筹措教育经费”，并提出“国家欢迎港、澳、台同胞、海外侨胞和外国友好人士捐资助学”。这标志着高等教育投入政策的重要转变，也促使高等学校开始努力通过其他渠道筹措教育经费。[1]此后，真正意义上的中国大学基金会迎来了大发展的时期。1994 年，经中国人民银行批准，民政部核准登记成立了清华大学教育基金会，旨在推动我国教育事业的发展，提高教育质量和学术水平，争取国内外团体和个人的支持和捐助。清华大学教育基金会是大陆首家高校教育基金会，它的成立揭开了我国高校教育基金会的序幕，具有标志性意义。其后，1994 年 4 月，浙江大学成立了竺可桢教育基金会；1995 年 7 月，经原国家教委同意，中国人民银行批准，北京大学教育基金会成立；南京大学于 1995 年成立发展委员会；上海交大基金会于 2001 年 4 月成立，负责校内所有基金（含奖学金等）的管理。

---

〔1〕 有祥君：“我国高等学校及其教育基金会的非对称性依赖关系研究”，载《中国高教研究》2012 年第 1 期。

21世纪以来，大学扩张的步伐与国家直接财政经费相对不足的矛盾日益突出，众多高校面临办学经费紧张、负债经营畸形化、自我筹资难等问题，资金问题已经成为严重制约大学乃至我国高等教育可持续发展的重要因素。各大学在从政府获得经费、争取纵向与横向科研经费、收取学费的同时，纷纷意识到应借鉴国外大学的经验，最大限度地争取社会的经费支持，主动地向社会筹措办学资金，并对资金进行科学有效的管理。大学为增强灵活应对学校发展中各种不确定因素的能力，成立作为独立法人的大学基金会，以增加高等学校自有资金以及使用这一资金的自主权。[1]

（四）2004年至今——中国基金会的快速发展期

这一时期，中国的大学基金会得到了快速发展。这得益于国家对非营利组织、基金会日渐宽松的管制政策以及经济发展带来的越来越多的公益慈善资源，特别是2004年《基金会管理条例》中首次提出公募基金会和非公募基金会的基本分类，使大学基金会突破了注册登记的瓶颈。《基金会管理条例》明确了基金会非营利性质及其法人地位，对基金会的组织机构、管理办法、审计和监管等作出了相应说明，在继续发展以公募聚财为特征的传统基金会的同时，开辟了促进企业家和富人们以散财为特征的非公募基金会的发展道路，成为推动中国公益事业发展的一项重大的制度创新。[2]条例的出台为非公募教育基金

---

〔1〕 邓娅："我国高等教育财政体制改革与大学基金会的兴起"，载《北京大学教育评论》2011第1期。

〔2〕 徐宇珊：《论基金会：中国基金会转型研究》，中国社会出版社2010年版，第48页。

会的兴起和发展奠定了政策基础，给包括大学基金会在内的基金会发展带来了重大机遇。此后，我国大学基金会进入了快速发展期，各大学纷纷成立教育基金会，开始拓宽教育投资渠道，注重面向社会筹集办学资金，以基金会为平台获取更多的教育资源以满足教育发展的需要。目前，“985 工程” 和“211 工程” 院校基本上都在国家民政部或省级民政厅（局）正式注册成立了教育基金会，一部分有实力的地方高校也相继成立了教育基金会。截至 2011 年，全国共有 202 家高校成立了 214 家基金会。[1] 随着数量的增加，大学基金会的总资产也呈现出逐年递增的趋势，国内亿元以上的大学基金会超过了 30 家，2013 年清华大学总资产已超过 20 亿元，北京大学总资产超过 17 亿元。目前，大学非公募基金会的总资产占全国非公募基金会总资产总量的45%。[2]

与此同时，政府为调动社会资源资助教育事业，适时出台政策鼓励和引导社会对教育基金会的捐赠。2004 年，财政部、国家税务总局联合印发《关于教育税收政策的通知》，明确规定纳税人通过中国境内非营利的社会团体、国家机关向教育事业的捐赠，准予在企业所得税和个人所得税前全额扣除。2007 年《物权法》的出台，将《宪法》中有关保护非公有财产的规定落实到法律层面，加大了对基金会财产的保护，为我国大学建立社会捐赠机制创造了良好的外部环境。相关制度与配套措施

---

〔1〕 东南大学、吉林大学等 8 所大学成立了两家基金会，南京理工大学、武汉大学成立了 3 家基金会。

〔2〕 基金会中心网：《基金会数据分析报告——大学基金会发展趋势分析》，www. foundationcenter. org. cn，2014 年 9 月 18 日。

的陆续出台，发出了明确鼓励社会捐资助学的信号，对大学基金会的发展起到了重要的推动作用。2009年，财政部、教育部制定了《中央级普通高等学校捐赠收入财政配比资金管理暂行办法》，进一步加快了大学建立教育基金会的步伐，鼓舞了大学设立教育基金会的热情。大学基金会的注册成立，为多渠道筹措办学资金发挥了重要作用，越来越受高校和政府部门重视。[1]教育基金会主要接受社会对学校的捐赠及奖助学金，尤其是名牌大学的教育基金会，其自身品牌和校友能够带来较多的大额捐赠，成为非公募基金会之中整体资金实力最为雄厚的一股力量。近年来，高校基金会逐渐兴起发展，成为非公募基金会之中特征鲜明的重要组成部分。[2]

经过近20年的发展，中国大学基金会数量与规模得到显著提升，筹资能力得到加强，虽然与国外发达国家大学基金会在基金规模、组织结构、运作机制等方面还存在很大差距，在内部治理环节上仍存在许多不足，但其在高等教育实践中已经彰显了独特的作用，特别是在吸引社会各界关注高等教育事业、拓展社会筹资渠道、推动高等教育持续发展等方面做出了重要贡献，已成为教育领域的一支重要社会力量。随着我国教育事业的不断发展，大学基金会站在了新的发展起点上，面临新的、更大的机遇和挑战，提升内部治理、项目管理水平，提高筹款能力，实现内涵式发展已经成为下一阶段大学基金会发展的重点。在此过程中，大学基金会应立足中国国情，同时将眼光放

---

〔1〕 包万平、李金波："大学教育基金会需规范化引导"，载《中国科学报》2012年11月21日，第7版。

〔2〕《2011年北京市基金会年检报告》。

到更广阔视野中去，向世界一流大学看齐，不断提高基金会的公信力，为我国教育事业更好更快发展提供强大的资金支持和财力保障。

第二节　大学基金会定义与分类

一、大学基金会的定义

定义大学基金会，首先要定义基金会的概念。就像公司这种经济组织形式大大加速了商业经济进程一样，基金会替代了分散的个人慈善形式，将公益慈善事业提升到了一个新的阶段。基金会这种公益财产的制度化形式成就了许多富人的财富归宿之愿，将他们的巨额财产用于公益事业，贫富差距因此得以缩减，社会福利因此得以增进，人类生存也因此得到改善。[1]美国基金会中心将基金会定义为：非政府的、非营利的、来自单一的个人、家庭或公司的自有资金并自设董事会管理工作规划的组织，其主要途径是通过对其他非营利机构的赞助，支持或援助教育、社会、慈善、宗教或其他活动以服务于公共福利。[2]这一定义成为关于基金会的经典定义之一。

参照基金会的定义，结合我国教育发展的实际情况以及大学基金会的自身特点，大学基金会可以定义为：大学基金会是按照相关法律法规要求，由大学发起的，经教育主管部门同意并在民政部门正式注册成立的筹款与捐赠管理机构，其职能是

---

〔1〕 王名、徐宇珊："基金会论纲"，载《中国非营利评论》2008 年第 1 期。

〔2〕 美国基金会中心网，foundationcenter. org，2014 年 8 月 18 日。

通过募集资金、项目管理等行为，单向服务于所在大学的建设事业。大学教育基金会属于非公募基金会，是按照《基金会管理条例》规定成立的非营利性法人。本书旨在研究的大学教育基金会主要是内地公立大学的教育基金会。

二、大学基金会的分类

2004年颁布的《基金会管理条例》，以法规的形式对基金会进行了分类，首次明确了两种主要基金会形式。其根据资金来源方式不同将基金会分为公募基金会与非公募基金会，两者的本质区别在于，公募基金会属于公共筹款型的基金会，主要依靠向社会募集资金来从事公益性的资助活动，其按照募集资金的地域范围又可分为全国性公募基金会和地方性公募基金会；非公募基金会属于依靠自有资金的运作增值以及发起人自身或者其亲友的捐助资金而获得从事公益性活动的资金，不得向社会公众开展公开募捐活动。由于两者之间存在着根本性差别，《基金会管理条例》在设立条件、资产管理等方面进行了差别对待以区别管理。

大学基金会属基金会的一种，有着与其他基金会相似的工作机理和运行特点，但它也有自己独特的、与生俱来的组织特征，相应的分类标准、分类体系也有所不同。有学者按照大学基金会管理体制的不同，将其分为市场运作型、行政管理型、海外拓展型、委员会型、单一型。[1]这种分类成为主流的大学

〔1〕 孟东军、张美凤、顾玉林："我国高校社会捐赠管理比较研究"，载《高等工程教育研究》2003年第2期。

基金会分类方式，本研究参考上述分类方式并结合大学基金会自身特质，尝试将大学基金会分为以下几类：

（一）按登记管理机关不同，分为全国性注册与区域性注册登记的大学基金会

《基金会管理条例》第6条要求，国务院民政部门和省、自治区、直辖市人民政府民政部门是基金会的登记管理机关。国务院民政部门负责全国性公募基金会、原始基金超过2000万元，发起人向国务院民政部门提出设立申请的非公募基金会等情形的基金会登记事项。省级人民政府民政部门负责本行政区域内地方性公募基金会和不属于前款规定情况的非公募基金会的登记管理工作。[1]因此，按照登记管理机关不同，可将大学基金会分为在民政部注册的大学基金会和在省级民政部门注册的大学基金会。目前，在我国大学基金会当中，有15家基金会[2]因原始基金超过2000万元，且均向国务院民政部门提出设立申请，按条例规定应在民政部注册登记，占到总数214家的6%，其他199家大学基金会在所在省级民政部门进行注册登记。登记管理机关的不同，并不仅仅是管理层级的区别，它一方面反映了原始资金的规模大小，另一方面也反映出大学对基金会规范化管理的不同要求。

〔1〕《基金会管理条例》。

〔2〕北京大学教育基金会、北京航空航天大学教育基金会、北京交通大学教育基金会、北京理工大学教育基金会、传媒大学教育基金会、清华大学教育基金会、中国农业大学教育基金会、中央财经大学教育基金会、浙江大学教育基金会、河南大学教育发展基金会、中南大学教育基金会、重庆大学教育发展基金会、四川大学教育基金会、西北农林科技大学教育发展基金会、兰州大学教育发展基金会。

（二）按照基金会是否能够公开募捐，分为公募大学基金会和非公募大学基金会

《基金会管理条例》将基金会分为公募基金会和非公募基金会两类，二者都是运作基金的公益性社会组织，但在基金来源上有着很大的区别。按照条例的定义，公募基金会可以向公众募集资金，而非公募基金会只能来源于特定个人或组织的捐赠，不得向公众募集资金。按照这一分类标准，大学基金会可分为公募基金会属性的大学基金会与非公募基金会属性的大学基金会，以便区别对待并分类管理。在我国 214 家大学基金会中，3 家大学基金会为公募[1]，因原始基金为 400 万元人民币，属于地方性公募基金会，只能在所属省份开展资金募集工作，募集范围受到了很大制约，其余绝大多数大学基金会属于非公募基金会，可以面向全国开展资金募集工作。同时，作为非公募基金会的大学基金会，仅指不能在公共场所公开向社会公众募集资金，并不排除接受来自社会的不特定群体的捐赠。这一规定赋予了大学基金会更广阔的筹资空间，使非公募大学基金会的筹资范围事实上大于公募大学基金会的范围。

（三）根据基金会从事公益事业的行动模式，可分为资助型基金会和运作型基金会

资助型基金会是将对外资助作为工作重点，把接受的捐赠资金“散财”给其他组织或个人；与之相对应，运作型基金会则通过具体的慈善行动，在特定领域直接开展公益活动，在接

[1] 吉林大学教育基金会、中国科学技术大学教育基金会、西安交通大学教育基金会。

受捐赠的同时，主动从事公益事业，自己运作、设计、监测、评估项目。通常认为，资助型基金会对组织治理能力的要求要高于运作型基金会，目前，国内红十字会、扶贫基金会等大型公募基金会在尝试转型做资助型基金会，介于二者之间的叫混合型基金会。

目前，我国大学基金会大多属于兼有资助与运作两种职能的混合型基金会，筹集到捐赠资金后，将部分资金以具体项目的形式资助具体师生，直接将资金分配到基金会末端，如奖学金项目、讲座教授项目等，部分资金经过基建处、教务处等业务部门进行使用，如校园修缮项目等，大学基金会并不参与项目的具体实施。在大学基金会成立初期，人力物力有限，往往倾向于资助业务部门的形式，大学基金会大多扮演过路财神的角色，将到账资金通过基金会平台进行中转。长远来看，与社会上公募基金会转作资助型不同，随着基金会治理能力的加强，直接管理与运作资金将有利于资金监管，实现全校捐赠资金的统筹管理，这也是大学基金会不同于一般基金会的特殊之处。

第三节　大学基金会组织设置

按照企业管理理论，组织结构设计是指以企业组织结构为核心的整体设计工作，它是把企业的任务、流程、权利和责任重新进行有效组合和协调的一种活动，是企业总体设计的重要组成部分。良好的组织结构设计可以有效地积聚新的组织资源，协调好组织中部门与部门之间的关系，人员与任务间的关系，使员工明确自己在组织中应有的权利和应承担的责任，有效地保证组织活动的开展。

大学基金会也是如此，一个科学、有效、运转良好的捐赠管理组织是确保大学基金会目标完成的前提条件，是影响组织可持续发展的主要制约因素。捐赠基金管理应当具有科学合理的机构设置、完善的管理流程、按照大学捐赠基金会运作特点建立的管理体系，这是基金会得以顺利运行、降低运行成本的基本前提。同时，大学基金会周围的环境并不是一成不变的，在不同发展阶段会呈现出不同的发展态势，这就需要大学基金会根据时代的发展和社会慈善氛围的变化进行相应的组织结构变革，适应组织变革的需要，提高组织的运行效率和社会效益。

目前，我国绝大多数985 高校和大部分211 高校都建立了专门的筹资机构和筹资队伍。正如不同的企业有不同的运行管理模式和组织架构一样，在二百余家大学基金会当中，每个大学的基金会都有自己的特色，机构名称各有不同：或称教育（发展）基金会、发展委员会，或称发展联络办公室，有的大学甚至没有独立的大学基金会，只是通过类似机构或组织，与校友办、校办其他部门一道整合起来做好捐赠基金会募集、投资及后续管理工作，管理模式迥异。孟东军等人比较了我国高校社会捐赠管理方式，归纳了几种典型的管理模式：以北京大学、清华大学教育基金会为典型的市场运作型；以浙江大学竺可桢教育基金会为典型的行政管理型；以南京大学发展委员会为典型的委员会型；以上海交通大学基金会为典型的海外拓展型；以中国矿业大学校董会、石油大学（华东）校友会基金管理办为典型的行业依靠型。[1]周红玲等通过调查发现，我国大学基金会组织机构设置基本可分为三种：一是独立型；二是合署型；三是隶属型。[2]

总体上看，目前我国大学基金会的管理模式按照主体性地位来划分，可以分为以下三类模式：

第一类是高校将教育基金会作为筹款、投资主体，相对自主地统筹负责教育基金管理工作。在高等教育日益全球化的今天，大学发展面临着越来越激烈的竞争环境，要在队伍建设、人才培养和教学科研等各方面应对来自国内外的挑战，必须拓展筹资渠道，缓解经费紧张的局面。在此背景下，各高校纷纷成立教育基金组织，在所在大学和基金会理事会的领导下，致力于加强大学与国内外各界的联系与合作，筹集并管理海内外各界校友捐赠的资金，支持学校事业发展。北京大学、清华大学、人民大学、北京师范大学等高校均采用此种基金会运作模式。但即使这样，其中也有所区分，有的高校基金会独立开展筹资、项目管理工作，有的则仅是资金的中转站。总体来看，这是目前国内高校当中最普遍的教育基金会管理模式。

第二类是借鉴国外大学教育捐赠管理的经验做法，整合管理资源，由大学的发展委员会、发展联络部（处）或基金管理办公室来统筹捐赠工作，基金会隶属其下，属于学校筹资、管理捐赠资金整体系统的一个环节。浙江大学、重庆大学、南京大

---

〔1〕 孟东军、张美凤、顾玉林："我国高校社会捐赠管理比较研究"，载《高等工程教育研究》2003年第2期。

〔2〕 周红玲、张振刚："中国大学基金会组织机构设置探析"，载《华南理工大学学报（社会科学版）》2010年第4期。

学、东南大学等高校均采用这种基金管理模式。浙江大学的教育发展基金会办公室、发展委员会办公室、校友总会的秘书处、结算中心等机构都设在发展联络办公室，负责学校发展联络、社会办学资源拓展、校友事务管理、筹资及基金的运作与管理。重庆大学为统筹管理资源、整合机制进行捐赠事务管理，将原校友总会办公室、校董事会办公室、校教育基金会秘书处合并组建重庆大学发展与联络部，负责对外发展联络、面向社会筹资。1995 年，南京大学成立了发展委员会，2005 年又成立了南京大学教育发展基金会，两机构合署办公，作为南京大学接受和管理社会捐赠的工作机构，广泛联系和吸纳海内外的资源和力量，构建社会各界参与南大建设、支持南大发展的平台。此外，南京大学发展委员会还承担着校董会的联络和服务职能。东南大学也采用类似的教育捐赠管理模式，其发展委员会成立于 2008 年 2 月，旨在广泛联络社会各界，加强同海内外校友联系，拓宽办学资金的筹措渠道，进一步增进母校与校友的情谊与合作，形成学校和社会的良性互动，服务于东南大学的办学目标。东南大学发展委员会下属机构有：东南大学董事会办公室、东南大学校友总会办公室及东南大学教育基金会办公室。作为为数不多的在一所大学建立两个基金会的大学，东北大学的两个基金会分别登记注册，张学良教育基金会在国家民政部登记注册，东北大学教育建设基金会在香港登记注册，各基金会分别设有基金会理事会。为加强对基金工作的管理，学校还成立了基金工作管理委员会，校长担任主任，下设基金管理办公室，实施具体工作职能。

第三类是介于两者之间的过渡类型。在没有正式的大学基金会的情况下，有的高校由校友会、校友总会或者通过其他非公募基金会进行基金管理工作。此类情况往往出现在教育基金事业刚刚起步的省属高校。例如，河北省禾台文化教育基金会由河北师范大学“陈忠堂奖学金”发展而来，是公益性质的非公募基金会，也是河北省第一家高校基金会，其宗旨是致力于加强河北师大与国内外各界的联系和合作，支持和推动河北师大和本省教育的长远建设和发展。基金会接受社会各界的捐赠，扩大基金会的影响力，为河北师大、河北省教育事业的发展奉献力量。从其宗旨可以看出，禾台文化教育基金会事实上起到了单向服务于河北师大的作用。又如，海南师范大学校友基金会在其章程中明确规定，校友基金会受海南师范大学校友总会领导，接受海南师范大学工作指导。随着各个大学逐步建立自己的教育基金会，此类高校基金会运营模式将逐渐减少。

第四节　我国大学基金会的主要特征

大学基金会肩负着为大学筹资募款的重要使命，近年来在拓宽大学资金渠道、提高办学质量、改善大学办学条件、推动高等教育事业方面进行了有益探索，已经成为面向社会筹资、补充教育经费的重要平台，大学基金会对于大学的健康、可持续发展正在发挥着越来越重要的作用。与一般商业性基金一样，大学教育基金通常具有四个基本要素：以货币形态存在的基金资产、特殊的基金存续目的、基金资产的所有者和基金资产的管理者。[1]陈秀峰将大学教育基金会的特性归纳为私募性、双

〔1〕 范跃进、孙国茂：“大学教育基金与现代大学制度”，载《东岳论丛》2013年第1期。

重性、目标特定性、运作型、志愿公益性。[1]从其筹资、助学实践来看，大学基金会除了具备一般基金会社会公益性、非营利性、非政府性等属性之外，还具有一些有别于其他非公募基金会的特征，主要包括：

一、组织目标单一性与单向公益性

从社会效用角度讲，基金会都是有着一定的公益作用的，大学基金会也不例外，但它的公益作用，单一地指向所在大学，这是大学基金会最鲜明的特征之一。大学教育基金会的宗旨虽然是全心全意为高等教育服务，但其服务的范围却是立足于本校的，主要是为本校的教育发展与改革提供物质支持，通过募集资金来解决高校在教学、科研以及教育硬件设备等方面遇到的难题。[2]大学基金会往往是本校发起成立，经教育主管部门批准，在民政部门注册登记成立的。因此，大学基金会拥有与生俱来的大学基因，正是这种天然关系，大学基金会所募集的资金使用途径具有较强的目的性，为本校的教育事业发展提供保障，为学校事业发展、提高学术水平提供资金支持，目标纯粹且具体，这一点在许多大学基金会宗旨中都有所体现。从这个角度来讲，大学设立教育基金会过程本身并不契合“公益”的广泛性含义，这也是高等学校教育基金会的特殊性所在。[3]

---

〔1〕 陈秀峰：《当代中国大学教育基金会研究》，中国社会科学出版社2010年版，第42～44页。

〔2〕 侯华伟、刘亦仓：“高校教育基金会发展中存在的问题及其对策”，载《社团管理研究》2012年第8期。

〔3〕 有祥君：“我国高等学校及其教育基金会的非对称性依赖关系研究”，载《中国高教研究》2012年第1期。

因此，大学成立教育基金会的唯一目的就是搭建筹款平台，多渠道筹措教育经费，也正是因为这种由组织目标单一性衍生出的单向公益性，使大学可以通过对大学基金会的控制，拓宽筹资渠道，打造新的融资平台，通过基金会这种组织形式而不是大学自身的平台募集资金服务于学校事业发展大局。

二、与大学高度关联造成的依附性

大学基金会脱胎于大学，大学对基金会拥有深刻的、全方位的影响力。在大学基金会的诸多利益相关者当中，大学在基金会创办初期充当发起人的角色，基金会创办后则成为受益人〔1〕，大学对基金会直接或间接地监督和指导，进行着深度控制，两者之间有着千丝万缕的联系。这种现象在其他组织治理中并不常见。从法律角度看，大学基金会成立以后，作为独立的民间社团法人组织，基金会独立开展筹资等各项工作，独立承担法律责任。相对于大学来说，大学基金会具有与大学平等的法律地位，是完全独立法人，但目前很多大学却将其按照一个处级部门来管理，人财物管理与其他下属部门无异。基金会管理层由学校党委组织部门统一任命，一般工作人员按照学校事业编制进行日常管理，年度运行经费由学校财务处划拨。同时，大学基金会和校友会、财务处等机构职能深度交叉，职能多有重合，依附性特征明显。

这种依附性有其积极意义：高等学校教育基金会募集资源的能力来自于大学的社会影响，很难脱离所在大学而存在，而捐赠者的捐赠动机最终也需要通过大学来实现。因此，教育基

〔1〕 大学属于间接受益人，直接受益人为项目最终的受益人。

金会的天然使命决定了其依存于高等学校的现实。[1]然而依附性的问题在于，大学同其教育基金会之间发生的任何有关产权的转移，都应该以明确的契约加以限定和澄清。通过控制教育基金会的决策权来保证教育基金会实现高等学校的意愿，既不符合市场规律，也不符合基金会发展的长远目标。[2]因此，在加强基金会自身内部治理的同时，在管理上与大学实现无缝对接，使大学管理层有所为有所不为，强化大学基金会理事会的职能，才能在大学自治的进程中理顺二者关系，变“隶属关系”为“伙伴关系”，使大学基金会事业健康发展。

三、双重管理体制下的矛盾性

在现行非营利组织管理模式下，政府对民间组织施行登记管理机关与业务主管机关分工负责的管理制度，即由这两个部门分别行使对民间组织的监督管理职能。在这种民间组织管理模式下，各级民政部门作为登记管理机关在法律上对民间组织进行监督管理。但与此同时，相关法规还规定：与民间组织业务范围相关的政府职能部门或政府授权的单位，作为民间组织的业务主管单位行使监督管理职能。由此，民间组织必须接受民政部门和业务主管部门的双重领导。从管理环节上来看，在登记环节上，业务主管机关负责初审，登记管理机关负责最终审批登记；在日常监管环节上，登记机关负责进行年度审查，对民间组织开展活动的情况进行日常监督管理，业务主管机关

〔1〕 有祥君：“我国高等学校及其教育基金会的非对称性依赖关系研究”，载《中国高教研究》2012 年第 1 期。

〔2〕 有祥君：“我国高等学校及其教育基金会的非对称性依赖关系研究”，载《中国高教研究》2012 年第 1 期。

则负责年度检查的初审，指导、监督其开展公益活动。双重管理体制使民间组织管理容易滑向“都管、都不管”两个极端，因此屡遭诟病。

与其他民间组织一样，根据《基金会管理条例》的规定，我国大学基金会在发起成立阶段，必须经过国家或省市一级民政部门批准，同时接受登记主管部门以及业务主管部门的双重领导。公募与非公募属性的差异、原始资金数额的差异共同决定登记主管部门的层级以及业务主管部门的层级，例如，北京大学教育基金会注册资金 2000 万元，按照《基金会管理条例》第 6 条的规定，国务院民政部门负责原始基金超过 2000 万元的发起人向民政部提出设立申请的非公募基金会的登记管理工作，这种类型的大学基金会的业务主管部门是教育部；又如，中国人民大学教育基金会其原始基金数额为人民币 200 万元，其登记管理机关是北京市民政局，业务主管单位是北京市教育委员会。这样，在同一行政层级上，就存在两个分别对大学基金会负责的监督管理部门：一个是统一的登记管理机关——民政部或省级民政厅局，另一个是分散的业务主管单位——教育部或省级的教育行政管理部门。尽管两者可能保持工作中的沟通协调机制，但因涉及部门利益，日常管理及监督往往会出纰漏。

四、筹资渠道的固定性

从国内外大学基金会的筹资实践来看，大学基金会的资金来源渠道以校友捐赠为主。这一方面是因为我国的大学基金会大多属于不得向公众募集资金、只能向特定个人或组织的筹款的非公募基金；另一方面，因为大学培养造就人才的特性造就了大学“产品”的传承性，筹资募款的对象主要也是广大校友，这与企业基金会、政府官办基金会大有不同。

筹资渠道的固定性决定了大学基金会的工作重心要放在广大校友上。首先，要充分利用现有资金，将其最大限度、最大效用地用在在校生身上，专注于他们的成长，带着感情做好学生工作，培养他们的归属感和责任意识、回报意识，用“前期投资”的理念去经营基金项目，用好基金会的每一分钱；其次，要用心做好校友资源的维护工作，注重维系校友的母校情结，使捐资渠道得以畅通。也正是这种天然的联系，使很多大学将基金会与校友会统筹管理，甚至一套人马两块牌子，然而这种将管理对象不同的组织进行统一管理的做法有待商榷。

五、大学基金会在我国发展的不均衡性

Wood 将理事会治理分为四个生命周期阶段，分别是：创立期或称维持期、重视管理时期、组织法人化时期、核准批复时期，而且后三个阶段会形成不断重复的循环。[1]经过 20 余年的发展，我国的大学基金会事业取得了长足的发展，然而，大学基金会发展程度与所在高校规模、高校所在地区经济状况密切相关。从全国范围内来看，大学基金会同时处于四个不同生命周期阶段，呈现出较大的发展差异。个别基础较好的基金会已经开始把眼光瞄准国际知名大学基金会，在内部治理、筹资、项目投资等方面日益趋向国际化；同时，与我国的经济社会发展存在许多不均衡特征一样，我国的大学基金会也处于发展的不均衡阶段，主要表现在区域间与学校间差异两个方面：

---

〔1〕 Wood M. M.，“Is Governing Board Behavior Cyclical”，*Nonprofit Management and Leadership*，1992，3（2），pp. 139～163.

1. 区域差异方面。在我国210余家大学基金会当中，江苏、北京、湖北、上海、吉林分布的大学基金会最多，其中江苏达到53家，占总数的25%，而云南、新疆、青海、河北、贵州五个地区尚未建立大学基金会，重庆、宁夏、海南、广西等地区仅一所。大学基金会的区域差异也体现在服务大学的能力方面，2013年总资产排名前十，投资收入排名前十，运作项目数量、项目收入最多的均为东部发达地区的大学基金会，区域差异特征明显。

2. 学校差异方面。大学基金会在我国高校迅速发展的背景下，差距日益拉大，有的高校吸引捐赠能力与内部治理结构建设同步进行并形成良性循环；有的高校吸引捐赠乏力，内部治理完善的动力不足。根据基金会中心网的数据，截至2011年，原始基金在2000万以上的大学基金会为19家，但其基金总量占大学基金会原始基金总量的53%；而原始基金在200万~399万之间的基金会有109家，占到了总数的57%，呈现出极不均衡的发展态势。在大学基金会人力资源方面，在已统计的记录全职员工的152家大学基金会当中，没有全职人员的有42家，有1个全职工作人员的基金会有26家，而北京大学基金会的全职员工数量已经达到了24人，且仍在不断增加；200余家大学基金会当中，有独立网站的基金会不足一半。面对大学基金会发展不均衡的特点，应有针对性地提出发展对策，促进大学基金会发展。

第五节 大学基金会的功能

基金会这种公益组织形式自产生以来，以独立运作为前提，在政府相关政策的支持下，呼吁、引导社会组织和个人自愿地把一部分财富捐赠出来，用于社会公益事业，促进社会的科学、文化教育和社会福利救助等公益性事业发展，推动社会和谐进步。目前，我国经济和社会正处于重要的转型期，更应注重社会组织活力的激发，更加注重基金会这种公益组织作用的发挥，致力于政府和社会组织的良性互动，形成国家和社会、政府和公众四位一体的社会建设格局。事实上，近年来各种形式的基金会已经在吸纳社会资源，关注人文氛围、生态环境和社会公正，赈灾扶贫、助残育孤、社会救助以及文化教育、环境保护等方面发挥着越来越重要的作用，日渐担负起理顺社会资源、保护社会弱势群体的重任。作为一个为教育公益事业发展而形成的非营利组织，大学教育基金会不仅适应了社会建设与社会发展的需求，而且在教育大众化的发展进程中，已经成为教育规模化发展的一个新的生长点。[1]大学基金会的社会功能，不仅体现在教育领域，也体现在对大学的财政保障方面，其社会功能还体现在公民社会发育、社会责任培育以及社会资本提升等诸多方面，具体包括：

〔1〕 陈秀峰：《当代中国大学教育基金会研究》，中国社会科学出版社2010年版，第1页。

一、大学基金会的资金筹集功能

大学基金会资金筹集功能是大学建立教育基金会的初衷所在，是基金会最原始、最根本的职能。高等教育耗资巨大，需要有雄厚的资金实力作保障，持续稳定的资金投入是办好一所大学的前提条件。哈佛大学和常春藤盟校的办学实践说明，教育捐赠已成为美国大学的主要经费来源，支撑一流的大学离不开强劲且持续的经费保障。2013 年，美国大学基金会市值超过百亿的有 6 家，其中哈佛大学基金会市值超过 300 亿美元，耶鲁大学市值超过 200 亿美元，为大学发展提供了强劲动力。可以说，办学资金的多寡直接影响着大学的发展进程，这已经成为当代大学管理者的共识。

由于政府财政自身增收难度的加大，在预算总规模基本不变的情况下，医疗、养老等其他公共性支出项目及义务教育阶段支出比例日益加大，政府财政已经很难充分满足日益增长的高等教育发展需求。因此，面对教育经费短缺的客观状况，大学办学理念也在逐步转变。正在建设人民满意教育的中国大学自然把眼光放在了社会筹资上，高校自身筹资能力对于高校发展将起越来越重要的作用。我国的大学基金会正是在这样的背景下应运而生的，通过多方面的能力建设，大学基金会可以成为学校经费来源的重要补充，可以作为大学筹资的重要资金枢纽和支持高校建设与发展的重要资金平台，有效吸引社会慈善资源流入大学，为大学的持续发展提供源源不断的动力，缓解国家对高校投入不足、高校办学资金紧张的问题。这种资金筹措功能的实现，对于减少单一财政来源、资金依赖，优化资金结构，提升学校整体财务实力，实现人才培养、教学科研等多维发展目标具有重要的战略意义。

二、大学基金会的公益精神传承功能

在美国大学，校友通过各种方式回报母校已常态化，从名流大亨、商界精英到一般校友，出于对母校的关心热爱，定期捐赠已经成为代代相传的优良传统。这源于美国大学通过提供公民参与公益事业的机会，逐步培养在校生慈善意识、公益精神、公民责任意识。与之相比，在我国，虽然近年来通过社会各界的多方努力，公民的社会责任意识有所提升，但捐赠氛围相对而言还比较薄弱，社会人士对高校的捐赠规模仍然不尽如人意。因此，大学基金会应把公益精神和理念植根于工作的各个环节，在项目中点滴培养学生的公益精神和社会责任意识，鼓励学生参与基金会项目，让学生了解、宣传、投入慈善工作，更多地尽一份社会责任。国内部分大学基金会的有些项目让捐赠者与受捐助学生定期对话、相互交流，既让捐赠人看到了捐赠效果，又让受捐同学感知了慈善公益的力量，加深了对基金会的了解，增强了回报社会的意识。受资助对象步入社会后，也会尽其所能地回报母校，慈善意识与慈善行为形成良性循环。

大学基金会对公益精神的传承功能，不仅仅体现在学校层面，还在整合社会资源方面起着非常重要的平台作用，有利于改善整个社会的道德风尚，推动公民道德文化建设，成为将公众捐资助学热情转化成物质贡献的重要枢纽。大学基金会在推动政府之外的社会财富聚集至教育领域的过程中，极大地调动了公众为教育事业捐赠和提供志愿服务的积极性和奉献热情。通过慈善精神的汇聚与传承，逐渐增强社会资本，促进整个社会良善风尚的形成。在校园中，通过教育基金让慈善意识予以传承，将大学互帮互助的道德素养传承下去，是大学基金会内在的正能量之一，这将会成为公民社会发展的推进器。这是在我国当前正处于社会转型期、道德状况不尽人意的情况下，大学基金会所具有的最有价值的社会功能之一。

三、大学基金会对大学的助推作用

主导“耶鲁模式”的耶鲁大学首席投资官大卫·F. 史文森（David F. Swensen）认为，大学捐赠基金规模与大学办学质量之间有着密切的关联，知名度高、办学质量好的大学具有吸引更多捐赠基金的潜质，实现一种良性循环。这一表述为我们辩证地看待大学与其基金会关系提供了新的注解。大学对大学基金会有着深刻的影响，大学基金会的发展与壮大、使命的完成有赖于大学的支持与引导，最终对大学事业发展进行反哺，这是二者关系的主要方面。但同时也应看到，筹资、项目管理能力强的大学基金会是一流大学的必要条件，基金会治理也是广义大学治理的内在组成部分，大学基金会的治理水平高低也从另一个侧面反映了大学的治理能力的强弱，体现了现代大学的治理水平的高低。

中外大学办学实践表明，社会捐赠可以优化大学的外部治理结构，密切大学与外部的联系。完全依赖政府拨款的大学，容易导致效率低下、机构重叠、职责不明。当社会捐赠成为大学办学经费的主要来源时，这一现象将得到缓解。[1]因此，在将高等学府建设成为知识传播中心、科技成果转化应用中心、创新力孕育中心的过程中，大学基金会在发挥着重要财务支撑作用的同时，也起到了风向标的作用，有助于推动大学释放出自身核心竞争力，体现出大学的独特价值，同时将大学对外部的资金依赖控制在合理水平。

大学基金会不仅是研究型大学科学研究的重要资助者，也是研究型大学的重要引导者和领导者。[2]在此过程中，大学在财务管理、专业投资、捐赠管理等方面的治理能力得到加强，大学整体管理科学化水平不断提升，体现了大学基金会对大学全面发展的推动作用。此外，大学基金会除了有助于改善大学的治理结构功能之外，还在推动大学转型方面发挥着重要作用。进入20世纪后，大学基金会曾经担当过美国高等教育改革的催化剂，它会附加某些条件和要求到捐赠条款中，而大学为了获得基金会的资金支持，不得不尽力满足相关标准，促使大学由传统的传授知识型大学向研究型大学转变。

---

〔1〕 罗公利、杨选良、李怀祖：“社会捐赠与大学发展——中美大学社会捐赠的对比分析”，载《高等教育研究》2006年第1期。

〔2〕 谷贤林：“基金会：影响美国研究型大学管理的重要力量”，载《现代大学教育》2007年第1期。

第四章
A 大学教育基金会治理问题

第一节 A 大学基金会简介

一、基本情况

A 大学诞生于抗日战争时代，新中国成立后正式命名，成为新中国创办的第一所新型正规大学。A 大学现直属教育部，是一所以人文社会科学为主的综合性研究型全国重点大学。目前，学校是国家“985 工程”和“211 工程”重点建设的大学之一。

在“科技兴国”和“人才强国”战略全面实施的背景下，A 大学事业发展步入了快速发展轨道，确立了建设以人文社会科学为主的世界知名一流大学的宏伟目标。实现这一宏伟目标，不仅需要 A 大学全体师生员工的努力，同时也需要社会各界的支持。为了加快一流大学建设进程，加大学校事业发展步伐，广泛争取社会各界的帮助，2004 年 12 月，A 大学注册成立了教育基金会，为A大学与社会各界搭建了一个高层次交流合作平台。A大学教育基金会的宗旨是筹集、接受、管理捐赠基金，促进学校教育和科研事业发展，为建设一流大学创造有利条件。初衷是致力于推动教育事业改革与发展，提高教育质量和学术水平，加强学校与社会的联系，接受国内外各种公益组织、企事业单位、社会团体以及个人的支持与捐赠。原始基金数额来源于从学校拨付的人民币200万元，基金会登记管理机关是北京市民政局，业务主管单位是北京市教育委员会。业务范围主要包括接受捐赠、筹集资金，奖励优秀教师及优秀学生，资助贫困学生，支持教学科学研究等。

截至2013年，基金会资产总额近5亿元。捐赠资金总收入近1亿元，捐赠总支出近1亿元。

二、组织与制度建设

A大学教育基金会是非营利性的独立社团法人，属于非公募基金，在主管部门和登记机关的指导下依法独立开展工作。在筹备成立之际，基金会按照要求制定了基金会章程，明确了基金会组织架构、业务范围。聘任德高望重的原国家领导人以及教育部前副部长担任顾问，聘请2名大学前校长担任名誉理事长，A大学教育基金会现任理事长是A大学原党委书记。按照基金会的相关规定，凡向基金会捐赠100万元（实际到账）的捐赠人，经本人同意都可被聘为基金会的名誉理事。基金会现有名誉理事79人。目前，基金会共设置财务与基金管理部、业务与项目管理部、校友联络部3个部门，共有工作人员7人，其中学校事业编制2人，临聘4人，返聘1人。

A大学基金会成立以来，在完成募集捐款、开展公益活动等基础工作的同时，注重在管理过程中进行制度建设，不断提高自身能力，提升组织的规范化、科学化、精细化水平，使基金会的各项制度不断完善。第一届理事会先后制定了《教育基金会章程》、《教育基金会捐赠管理办法》、《教育基金会财务管理办法》、《教育基金会专项基金管理办法》、《基础教育基金章程》、《教育基金会投资资产管理办法》及《捐赠登记管理程序》等一系列规章制度，使基金会在今后工作中有章可循、有法可依，也为基金会科学有序管理奠定了坚实的基础。基金会按照国务院《基金会管理条例》和《教育基金会章程》的要求，坚持每年召开理事会，向全体理事汇报一年的工作，并制订下一年的工作计划。

人力资源是基金会的基础，建设一支爱岗敬业的专职工作人员队伍，对提高基金会竞争力、改善运行质量尤为重要。基金会成立后，在体制框架内最大限度地挖掘校内管理干部资源，从财务、审计等部门抽调了多名专业人才充实到基金会，提高了基金会管理团队的专业化水平。同时，充分发挥大学的人才优势，激发广大大学生志愿热情，吸引和团结广大志愿工作者，形成一支乐于奉献的志愿者队伍。此外，注重发挥院系的积极性，对院系负责执行的项目采取服务与监督并重的模式。加强基金会的服务意识，通过项目捐赠的前期指导、中期通告、后期汇报，实现对项目的监督管理。

基金会通过科学运作提高阳光运作水平，体现公益性捐助资金管理使用的公开化、透明化，进一步加强监督、管理，树立基金会良好形象。在细化专项基金管理办法、完善项目管理制度的基础上，基金会加强了对专项基金、大额捐赠项目的执行和宣传力度，加大了公益项目执行过程中的监管力度。每年3月和9月分别进行项目执行情况核查，监督项目经费使用情况及项目完成情况。同时，为更好地体现基金会的公益性，使捐赠资金使用公开化、透明化，基金会在加强宣传报道、完善信息公布平台工作方面加大力度，创建了基金会的独立网站，及时为捐赠人、受赠人提供合法、真实、准确、完整的信息。

A大学基金会按照建立现代社会组织的要求，以完善治理结构、稳定筹资渠道、健全制约机制为主要内容，以建立充满生机活力的现代社会组织为目标，完善内部管理机制，分析社会需求，动员社会资源，强化责任意识，明确组织使命；以章程为基础建章立制，完善理事会决策程序，发挥监事的监督作用，提高管理层和办事机构运作水平；强调财务管理，增加效率，降低风险；主动接受媒体和公众的监督，提高社会公信力。基金会通过良好的自身建设及自我管理，利用学校平台、学科优势，与捐助人一起建立良好而有特色的合作项目。科学化、规范化的管理使基金会拥有了良好的公益事业活动能力和社会公信力，在社会组织中体现了社会关爱精神。在2010年的社会组织评估中，基金会被评为5A级社会组织。成熟的基金会自我管理和富有特色的品牌项目使捐赠人与受赠人之间形成良性循环，基金会影响力逐年扩大。

基金会成立以来，特别重视财务运行体系的安全有效性，以强化资金监管。经过多年发展，逐步形成了一套规范有序的管理制度。基金会财务管理不仅限于微观层面上的记账算账，更重要的是要进行科学管理。基金会于2007年初根据业务需要重新设计了账目，进一步完善了科目设置，使每个受赠单位都有清晰的账目记录。由于账务查询的需求主要来源于受赠方，学校所需财务信息也主要是以受赠方为基本单位，因此，在收入、支出和净资产账下，均设受赠方为一级明细，再根据捐赠项目设二级明细，根据捐赠人设三级明细，并且使收入、支出和净资产项目相互对应，形成一个管理有效的账目系统。此外，不断规范财务操作流程：原始凭证和入账凭证须经初审、复审和最终审核；现金流量在入账过程中使用软件进行记录；定期存款和基本账户月月核对，对于不确定、不明晰的账项及时查实原因并进行处理；在账务查询以及核对工作中随时发现错误，随时予以更正；建立健全工作日志，发现问题要及时解决并同时记录下来，以便日后遇到问题时备查；为了保证捐赠资金的有效使用，做到专款专用，基金会实行严格的支出审批制度，每项支出都必须经理事长的审核签批之后方可支出。受理事长的委托，基金会 10 万以下的支出由基金会秘书长代批。

三、捐赠与筹资情况

筹资是基金会工作的根本所在，是基金会实现可持续发展、践行宗旨的必不可少的环节。A 大学教育基金会成立以来，一直把积极开展社会募捐作为基金会的重点工作和主要任务，基金会领导努力做好筹资准备工作，完善自身优势，努力拓宽社会捐资办学渠道，加强与学校各院系、部处和社会各界的广泛联系，为基金募集铺设道路。基金会在实践过程中，为促进基金会健康、可持续发展，认真学习借鉴兄弟高校基金会的有益经验，努力形成长效筹资机制，广开筹资渠道，完善筹资渠道，积极做好筹资工作，形成了独具特色的筹资模式。

基金会自成立以来，在基金会领导和主管校长的指导下，加强筹资环节制度建设，明确了校友和捐赠工作的分工合作机制，理顺关系使之紧密结合，良性互动。基金会组织参与了校友毕业周年以及校友入学周年的返校活动，积极做好现场收费和校友捐赠工作。基金会还确定了一批热心社会公益事业、热爱母校及具有一定经济实力的企业界、金融界人士名单，在学校领导支持下，与各部门、各院系密切配合，做好重点联络工作，多形式、多渠道地开展筹款活动。2007 年学校董事会的成立促进了大额筹款取得快速进展，其中，基金会领导和各位理事发挥了巨大的作用，牵线搭桥落实百万元以上的捐赠者共计 40 多名。除大额捐赠外，基金会还配合有关院系做好中小额捐赠的工作。万元左右的中小额捐赠多达上千人次，累计金额也在一亿元以上。在各类庆典活动中，基金会积极开展现场个人的小额捐赠工作。2007 年 10 月，基金会与首都信息发展股份有限公司签订了网上支付协议，在校友网站上开通网上“在线捐赠”栏目，为国内各地校友提供快捷便利的捐赠平台，特别是为百元左右的小额捐赠创造了较为便利的条件。

此外，基金会筹资还与学校大型活动紧密联系，学校 70 周年、75 周年校庆组织期间，基金会积极实施筹资方案，保证校庆的顺利开展。校庆筹资在学校校庆工作领导小组领导之下进行，由资金筹措组具体组织实施。资金筹措组每月召开一次会议，讨论确定捐赠计划、捐赠项目和捐赠对象并检查落实，具体布置筹资工作实施方案，积极落实推进。在 A 大学筹备校庆 70 周年过程中，在各部处、院系申报捐赠项目的基础上，确定校庆70周年捐赠目录，上报主管校长审定后，在学校校庆70周年宣传手册、画册中印发，并在学校网页上公布。在校庆筹资工作中，对捐赠人、联系人的奖励办法将由校庆工作筹委会根据《捐赠工作管理办法》制定出具体实施细则并对外公布。同时，在筹资过程中，注意做到两个结合：一是校友和捐赠工作密切结合。不仅要通过校友工作加强校友与母校之间的联系，更要鼓励校友对母校的回报与贡献；此外，积极发挥校友的中介联络作用，鼓励广大校友牵线搭桥，动员社会各界关心、支持学校发展。二是学校筹资工作与院系筹资工作密切结合，充分调动各种资源。学校领导、资金筹措组及各部处将积极协助院系开展筹资工作。各院系也不仅仅局限于本院系筹资工作，如有条件还积极协助学校筹资组开展学校项目筹资工作。为保证校庆筹资顺利进行，学校有计划地确定一批可能的捐赠对象，安排学校主要领导会面、洽谈，其中重点做好下列几方面人的工作：①入选百富榜或有雄厚的经济实力的校友；②国内外特别是港澳台地区热心公益事业或关注人文社科事业发展的企业界、金融界人士；③与企业界、金融界有广泛联系的社会人士、企业家、金融家的亲朋好友。

学校75周年校庆期间，在学校和基金会领导的带动下，本着“公益校庆”的理念，围绕捐赠的中心工作广泛联系社会企业界、校友企业家传递大学办学理念、办学方向，为校庆募集了巨额捐赠。校庆过程中，隆重举行了“B投资管理有限公司向A大学捐赠人民币两亿元”的捐赠仪式，教育部副部长、B投资管理公司董事长、校党委书记、校长等参加了仪式。此次捐款为A大学历史上获赠金额最大的捐款之一，也是国内高校获赠金额最大的捐款之一。之后，基金会为捐赠人提供周到、细致的服务，制作精美的照片纪念册、媒体报道册、活动记录光盘等具有纪念意义的礼物赠送给捐赠人。A 大学还举行了首个“关爱师生基金”校庆义卖互动卖场，基金会制作了“关爱师生基金”宣传手册，宣传“关爱师生基金”的宗旨、资助对象及资助方式。基金会在义卖现场设立捐赠处，为到场的竞拍校友提供捐赠服务。

目前，鉴于资本市场的诸多不完善之处，大学教育基金会的资金投资渠道还很有限，基金会尚未直接涉及风险偏高的股票、债券等领域。随着我国资本市场的完善以及可自由支配资金的进一步积累，在资金保值的前提下，尝试多种渠道投资成为 A 大学基金会未来财务管理的重要工作之一。

A 大学基金会仍处于发展的初创阶段，有限的捐赠资金主要用于满足日常业务活动成本支出，因而主要采取稳妥的方式实现资金的保值增值，主要投资形式是银行存款，通过将银行存款期限结构合理化实现资金增值最大化。例如，保证一定数量的活期存款来实现基金会日常流动资金的需要；另一方面，一定量不同形式的定期存款则弥补了活期存款收益较低的不足。同时，A 大学基金会与银行保持着良好的合作关系，通过协商确定高于一般利率水平的存款利率，银行也能保证及时地传递票据等，方便了基金会财务信息的及时更新。稳健的投资方式保证了 A 大学基金会日常的支出，更为其积累足够的可自由支配资金夯实了基础。如何在保值增值的基础上进行资本运作是基金会理事会多次讨论的重要议题。此外，A 大学基金会与捐赠方——某私募投资公司商定，从捐赠款中划出一部分资金委托该投资公司进行保本理财，明确规定至少5%的收益率，通过这种投资形式的创新，几年来产生了较为丰厚的资金回报，2013年部分项目投资收益甚至超过50%。

2009年基金会配比政策出台后，A大学基金会配合学校完成了对2008年A大学捐赠收入中央配比资金项目申请工作。该项目为中央财政首次设立配比资金向高校接受的捐赠收入实行奖励补助。基金会配合学校财务处获得了中央财政足额补助3000万元。2011年，基金会配合学校财务处申报财政配比8785万元。

四、项目运作模式

A大学基金会的捐赠收入主要分为三类：基金会接收的项目、院系接收的项目、学校各部处接收的项目。基金会按照《教育基金会专项基金管理办法》及捐赠协议的要求分类立项管理。基金会把加强重大项目的跟踪、管理、服务和监督作为项目管理的重中之重。对于一般性项目，将重心放在指导、协助、提供有效的建议方面，让全部项目绽放活力。抓大管小，不仅提升了基金会管理能力，也为争取潜在捐赠打下了良好的基础。

基金会在奖励优秀学生和优秀教师，资助贫困学生，资助教师科学研究、出国深造、开展国际学术交流活动，支持学校校园建设等方面开展了大量工作，为促进学校教育、科研事业发展，改善学校办学条件做出了积极的贡献。章程中规定资金用途包括：①改善教学环境和教学条件，促进大学教育事业的发展；②奖励资助优秀师生；③资助教学研究与基础研究；④资助教师出国深造、参加国际学术会议；⑤奖励为学校事业做出突出贡献的机构和人员；⑥特定项目捐赠，可以按照捐赠者意愿定向使用。具体使用情况：目前捐赠资金的使用涉及学校事业发展建设、院系发展建设、教学科研、学科建设、基础教育建设、优秀师资队伍建设、优秀学生奖励和贫困生资助等方面。基金会严格执行国务院颁布的《基金会管理条例》，按照捐赠双方签订的协议及A大学教育基金会相关管理制度规定，对捐赠款分别立项管理。

基金会始终与学校保持一致，严格按照捐赠协议的规定，本着基金会的公益宗旨，配合学校各院系、部处开展公益活动，在教学、科研、助学等方面支持学校。基金会在积极筹款的基础上，不断加强项目管理工作，要求每笔捐赠都要有捐赠协议或捐赠说明，认真填写捐赠登记表，明确捐赠用途、捐赠金额、捐赠联系人和项目负责人，认真做好项目执行、项目跟踪和向捐赠方的汇报工作。基金会多次组织奖教金、奖学金颁发仪式，组织受助学生座谈会，跟踪了解他们的学习生活情况，帮助受助学生联系实习和就业单位，给予他们更多的关心与关注。捐赠项目举例如下：

1. 2005年，新加坡某集团捐资200万元设立了“优秀贫困学生奖励基金”，200万元捐赠款每年的利息用于资助贫困学生。该项基金设立于基金会项下，每年的资助活动都由基金会组织实施。从2005年起，基金会与捐赠方、学生处、大学附中密切配合，认真履行协议规定，在每年新生入学后举行资助仪式。为了给受助的贫困新生更多的精神支持与帮助，基金会人员每年定期组织受助学生召开座谈会，逢年过节邀请他们一起吃团圆饭，年底回访受助学生的学习生活情况。

2. 2007年，北京某国际投资有限公司依照协议捐赠500万元人民币，设立“国际教育创新基金”。主要用于以下项目：①大学高层次国际通用人才培养创新计划。②与美国著名大学联合培养博士。③国内一流大学贫困大学生资助计划。④与有关国家部委、美国一流大学合作的领导干部国际化高级培训。⑤支持乡村中学建设等。

3. 2007年，某保险经纪有限公司与学校签订了捐赠协议，捐款100万元设立“保险经纪奖励基金”，用于奖励在教学科研及管理岗位有突出贡献的优秀教师、员工。2008年~2009年，该基金曾奖励多位在人事、后勤、校医院工作中表现优秀并在本岗位做出突出贡献的先进工作者和优秀职工。

4. 2008年，上海某投资管理有限公司董事长捐资300万元成立了“老教师关爱基金”，用于解决老教师生活、医疗方面遇到的实际困难。基金会与离退休工作处配合，给患重大疾病的老教授及时补助。

5. 2008年，我国经历了南方冰雪灾害、四川大地震、金融危机及国内经济滑坡等困难。2008年5月，汶川发生大地震灾害后，原学校党委书记、基金会理事长代表基金会看望慰问来自四川灾区家庭受灾严重的师生，并经理事会批准动用基金会20万元帮助他们安心学习，渡过难关。2009年，校医院连续3名职工遭遇车祸不幸身亡，基金会出资3万元对家属进行了慰问，给予他们物质帮助和人文关怀。

A大学基金会成立以来，在组织建设、筹资与项目管理领域取得了一定的成绩。尽管如此，A大学基金会与其他兄弟高校的基金会组织一样，在运行过程中也存在着诸多管理体制、运行机制方面的问题，特别是在与大学关系、大学对其基金会行政化控制等方面，存在诸多亟待解决的问题。本章后续内容将从A大学基金会组织结构与决策机制两个方面入手，力求客观描述制约A大学基金会发展的突出问题。

本书初步建立了“大学基金会治理情况”的指标体系（如图4-1），以对A大学基金会的组织结构及决策机制进行系统描述。这套指标体系包括两个一级指标，即组织结构与决策机制以及若干二级指标。目前，我国大学基金会组织机构基本上由理事会、监事会、秘书处组成。因此，组织结构下的二级指标为理事会、监事会、秘书处等若干机构；决策机制下的二级指标包括：决策模式、决策主体与决策内容，用以衡量大学对基金会的决策影响。

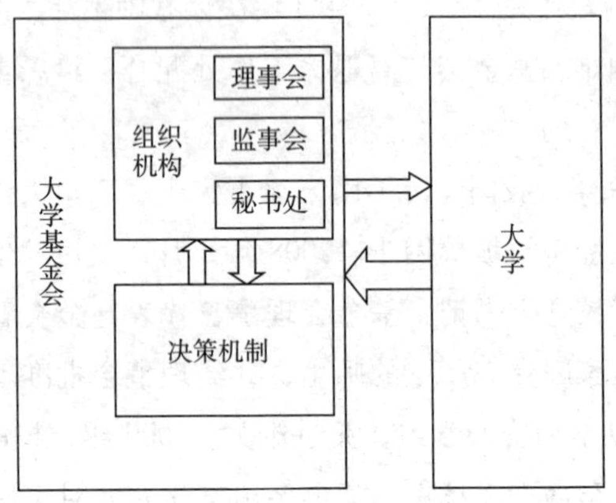

图4-1　大学与其基金会互动情况示意图

组织结构、决策机制以及大学影响有着一定的逻辑关系：第一个层级是大学基金会的组织结构与决策机制在单一框架内进行互动，组织机构通过决策机制实现自身职能，决策机制依托组织结构发挥作用；第二个层级，大学基金会因其自身使命的特殊性，在机构、人员、财务等方面与所在大学、捐赠者有着千丝万缕的联系，体现为大学对其基金会的深刻影响，这些影响主要是通过组织结构与决策机制实现的。因此，第二个层级是大学对其基金会的控制渠道，如图 4 －1 所示。

第二节　A 大学基金会的组织结构

组织结构的本质是为实现组织目标而实施的一种分工协作体系。相应地，把组织任务、流程、权利和责任进行有效组合和协调的活动被称为组织结构设计工作，它是组织总体设计的重要组成部分，也是组织管理的前提条件。良好的组织结构设计可以有效地积聚组织资源，协调好组织中部门之间关系、人员与任务间关系，使员工明确自己在组织中应有的权利、责任，更好地获得外界资源，有效地保证组织活动的开展。

综合上述定义，大学基金会组织结构是指大学基金会理事会、监事会和秘书处的设置与权力运行方式。目前，我国绝大多数 985 高校、大部分 211 高校都建立了专门的基金事务管理队伍。正如不同的企业有不同的运行管理模式和组织架构一样，在二百余家大学基金会当中，每个大学的基金会都有自己特色，机构名称各有不同。

大学基金会管理模式的差异使其呈现出不同的组织架构及部门组合，如职能式、矩阵式、事业部式等。目前，国内大学基金会的组织机构采用较多的是事业部制组织结构模式：一级部门为基金会的高级决策层和监督层，即理事会和监事会；二级部门为基金会核心执行层，现阶段主要是指筹集资金、管理和运作基金的秘书处或基金会工作办公室。随着新媒体技术的不断发展以及基金会管理水平的提高，大学基金会的组织架构呈现出去等级化、分权化以及弹性化的结构特点。孟东军等人总结概括了几种典型的大学基金会管理组织结构模式，如直线—职能制组织结构模式、项目组制组织结构模式、事业部制组织结构模式。[1]其他学者也做过类似的组织结构研究，但组织结构的差异根源在于管理模式的差异，是管理模式差异在结构方面的体现。

我国大学基金会的组织机构基本上由理事会、监事会、秘书处组成，其中，理事会属于基金会的决策机构，是基金会内部治理的核心部分；监事会属于监督机构，对大学基金会的运行和管理实行监督；秘书处是具体执行机构，负责大学基金会日常工作，根据理事会的授权，具体负责资金募集、项目管理、监督检查、信息整理、人事档案、对外宣传等工作。就大学基金会内部治理而言，有效的组织架构形成了大学基金会的重要支撑，是其有效治理的前提条件。

通过文献阅读，结合A大学基金会治理现状，本研究初步建立了“大学基金会组织”的描述框架（表4－1）。这套描述框架包括三个二级指标——“理事会”、“监事会”及“秘书处”，为更好地理解大学基金会的结构特征，又细化为若干个三级指标，其中，“理事会”部分下的三级指标包括：理事会文

〔1〕孟东军、范文亮、孙旭东：“我国高校教育基金会管理组织结构模式研究”，载《高等农业教育》2006年第12期。

化、理事长角色、理事会构成；在“监事”部分下，通过独立性、有效性两个指标，尝试分析监事作用的发挥情况；在“秘书处”部分包括秘书长产生机制、秘书长职能描述两个指标。本章将按照这些指标对 A 大学基金会的组织机构进行描述研究。

表 4－1　“大学基金会组织”描述框架

一级指标	二级指标	三级指标	描述指标的界定
组织机构	理事会	理事会文化	官僚机构文化或非营利组织文化
		理事长角色更替	是否被学校职位吸收
		理事会构成	理事会成员数量及大学领导占理事会比重
	监事	监事的身份	监事产生机制
		监事的作用发挥	监事会是否能独立行使职权
	秘书处	秘书长产生机制	大学任命还是选举
		秘书长职能描述	执行或参与决策

一、理事会

传统的公司治理理论认为，公司的治理结构应由董事会、监事会和经理人员组成，其中，股东是企业的所有者，有选举董事会的权利，对重大事项具有决策权，同时股东拥有收取红利和其他利益分配的权利；董事会聘请经理，董事会代表股东进行管理并激励监督经理，是公司的最高决策机构；监事会是由股东会选举的监事以及由公司职工民主选举的监事组成的，对公司业务活动进行监督和检查的法定必设和常设机构；经理人员是由董事会聘用的、负责公司日常经营活动的管理人员。

与公司治理不同，非营利组织存在所有权、控制权和受益权三权分离的产权结构特征，由此产生了比公司治理更为复杂的委托代理问题。因此，非营利组织治理问题研究的前提，就是要明确非营利组织的治理结构。非营利组织治理结构就是在实现目标的前提下，在组织内部合理分配权力使组织内部各机构权责分明而形成相互协调、相互制衡的关系，同时要对组织利益相关者负责，接受外来监督，以保证非营利组织平稳、健康发展，使各方利益得到平衡和保护，最终完成组织使命以实现组织目标。[1]金锦萍也认为，要在非营利法人内部的权力机关（社员总会）、经营决策和执行管理机关（董事会或理事会）和监察机关（如监事会）之间形成权责明确、相互制约、运转协调和决策科学的统一机制，并依照法律、法规和法人章程等予以制度化。[2]

与其他非会员制非营利组织一样，大学基金会由于没有会员大会，在治理过程中，理事会就成了最高决策机构，处于组织权力的中枢位置，承担着组织的决策和监督职能，拥有整个组织的控制权。在理事会的角色与职责方面，大学基金会理事会的使命包括制定政策、战略计划、财务与筹款、项目监控和评价、人力资源管理、协调与环境关系等。不仅如此，大学基金会理事会还处于基金会内外资源交汇的关键位置，对获取外界资源，关注外界环境变化，顺利完成与环境的资金、信息交换具有重要作用，因此，理事会作用能否有效发挥、履行自己的职责，直接关系到

---

〔1〕 程昔武、朱小平："非营利组织治理结构：特征分析与框架构建"，载《审计与经济研究》2008 年第 3 期。

〔2〕 金锦萍：《非营利法人治理结构研究》，北京大学出版社 2005 年版，第 63 页。

大学基金会治理状况以及组织绩效，最终影响基金会使命的完成。规模较大的理事会常设立各种委员会以应对决策的复杂性，在理事会之下一般设有执行委员会、审计委员会等专门委员会。各委员会分别负责理事会部分事务，充分发挥自身专业优势，彼此分工协调，提高了基金会的整体治理水平。

我国《基金会管理条例》第 20 条规定，基金会设理事会，理事人数为 5 ~ 25 人，对理事会的人数进行了笼统的规定。理事会成员应包括社会知名人士、资助者代表、受益者代表等。理事任期由章程规定，但每届任期不得超过 5 年，理事任期届满，可以连选连任。理事会一般由理事长、常务副理事长、副理事长和理事组成，不少基金会还设立了名誉理事长、名誉理事等荣誉职衔。理事会的职权主要是制定和修改基金章程、选举和罢免理事及常务理事、聘请名誉理事长、决定基金会的机构设置、聘任管理人员等。

A 大学基金会在章程中对理事会的职权及理事会会议规则进行了明确规定：本基金会的决策机构是理事会。理事会行使重大业务活动策划、制定或修改章程、选举、罢免理事长、秘书长等职权。此外，章程还明确理事会由理事长负责召集和主持。有 1/3 理事提议，必须召开理事会会议。理事会一般每年至少召开 2 次会议，必要时可临时召开。章程规定重要事项的决议要由出席会议的理事 2/3 以上通过方才有效，其中包括章程的修改、选举或者罢免理事长、章程规定的重大募捐及投资活动等。[1] 从 A 大学基金会章程规定来看，理事会作为基金会

〔1〕《A 大学基金会章程》。

的权力核心，享有最高的决策权，这也是基金会管理条例规定的一种制度安排。然而在实际运作中，理事会作用并未得到有效发挥，其制度设计被基金会对大学的高度依赖性所稀释，没能体现出理事会的制度优势，形成理事会治理弱化的格局，具体表现在理事会来源单一、理事长角色被吸收、理事会文化异化等方面。

（一）理事会构成特色——理事来源单一

非营利组织中理事数量与构成直接影响理事会决策的效率和科学性水平。2007 年，徐宇珊通过问卷对基金会理事会成员构成进行了调查，得出三个结论：一是来自党政机关及主管单位的理事仍然是理事会成员的最主要构成群体；二是公募基金会的理事构成以党政机关及业务主管单位为主，占全部理事的近一半左右，辅以其他多种来源；三是非公募基金会理事构成呈现出“多元均衡模式”，即多方来源比例相对比较均衡，各类理事数目相当。[1]

作为非公募基金会，大学基金会的理事会并没有呈现徐宇珊所描述的“多方来源比例相对比较均衡，各类理事数目相当”的多元均衡模式，而更多地体现为非均衡模式。当前，我国大学基金会理事会构成的主要问题在于大学管理层在基金会理事会中所占比例过大、来源单一、构成比例不均衡。这种情况在 A 大学基金会理事会构成上得到了充分体现。A 大学基金会章程明确规定基金会由 12 名理事组成理事会。2005 年成立初期，第

〔1〕 徐宇珊：《论基金会：中国基金会转型研究》，中国社会出版社 2010 年版，第 71 页。

一届理事会构成情况如表 4 –2 所示。

表 4 –2　A 大学第一届理事会构成情况

序号	理事会内身份	来源	校内职务
1	理事长	校内	党委书记
2	副理事长 A	校内	党委常务副书记、副校长
3	副理事长 B	校内	副校长
4	副理事长 C	校内	副校长
5	副理事长 D	校外	捐赠者代表（增选）
6	理事 E（秘书长）	校内	校长助理
7	理事 F	校内	财务处长
8	理事 G	校内	产业处长
9	理事 H	校内	校办主任
10	理事 I	校内	资产与后勤管理处处长
11	理事 J	校内	校办副主任（增选）

根据国务院《基金会管理条例》和《A 大学教育基金会章程》规定，A 大学基金会于 2009 年底选举产生了第二届理事会。新一届理事会构成情况如表 4 –3 所示。

表 4 –3　A 大学新一届理事会构成情况

序号	理事会内身份	来源	校内职务
1	理事长	校内	党委书记
2	副理事长 A	校内	校长
3	副理事长 B	校内	党委常务副书记、副校长
4	副理事长 C	校内	副书记（增选）

续表

序号	理事会内身份	来源	校内职务
5	副理事长 D	校内	常务副校长
6	副理事长 E	校外	捐赠人代表
7	理事 F（秘书长）	校内	副校长
8	理事 G	校内	副校长
9	理事 H	校内	财务处长
10	理事 I	校内	产业处长
11	理事 J	校内	校办主任
12	理事 K	校内	资产与后勤管理处处长

从表 4－2 和表 4－3 可以看出，第一届理事会 11 名理事会 10 名来自所在大学，第二届理事会 12 名理事中有 11 名来自所在大学，理事会成员单一化程度极高，仅有一名是较大金额的捐赠者代表，理事会缺乏一定的代表性，并且这种情况在换届后仍然如此。此外，按照基金会的相关规定，理事会另设顾问 2 名，名誉理事长 2 名，名誉理事 70 余名。凡向基金会捐赠 100 万元（实际到账）的捐赠人经本人同意都可被聘为基金会的名誉理事。基金会成立时有 6 名名誉理事。此外，经过历次理事会增加，目前基金会名誉理事共计 79 名。然而，不管是顾问、名誉理事长还是名誉理事，均不享有基金会决策权，重大事项决策形式上仍在理事会框架内进行，而理事会框架往往又被大学管理层替代。

这种现象在国内其他高校基金会中也不同程度地存在着（本书第六章将有表格进行说明），基金会理事基本上全部来自学校领导，有少数大学基金会也邀请了部分对学校有重大贡献或在某一领域取得特别成就的校友或专业人士，但学校领导占绝大多数。换句话说，学校领导垄断了大学基金会理事会，形成了理事会构成的单一化，产生大学与其基金会管理高度重合的格局。这种理事会构成特点似乎成了国内各大学成立基金会约定俗成的规则，并通过这种安排将基金会事务纳入大学管理整体框架中，体现大学对其基金会的深度控制。这种理事会成员单一化特征客观上为理事会决策的一元化埋下了伏笔，不利于理事会决策机制的有效构建，无法发挥理事会在选举、决策、监督、审议等方面的重要作用。

（二）理事职责被大学角色吸收

A大学基金会理事会成员的单一化特征，导致理事、理事会原始职能及先天角色未能有效行使，许多依附于理事、理事会的职权事实上由大学管理层行使，相应的理事角色发生了偏移，被行政角色吸收。伴随着这种角色吸收，理事会职能也逐渐转移至大学管理层。

针对理事会的典型活动，以及理事长和执行理事的感知，Esther通过实证分析，将理事会角色划分为四大类别：高级人力资源管理，维护与任务环境的关系，决策、财务管理和筹资。[1]A大学基金会章程规定，本基金会的决策机构是理事会，理事会行使制定、修改章程等重要职权。然而，通过对A大学基金会的观察，许多本应由理事会行使的核心职权转移到了大

---

〔1〕 Ecovich E.，“Responsibilities and roles of boards in nonprofit organizations: The Israeli case”，*Nonprofit Management and Leadership*，2004，15（1），pp. 5～24.

学管理层，理事会出现了角色异化问题。A 基金会理事会在通过重大决议（特别是争取大额捐赠资金）的过程中，理事长大多以学校领导身份出现，以便于利用学校资源形成合力争取社会捐赠。例如，A 大学在争取一笔较大规模捐赠款时，就由主要校领导出面多次与意向捐赠人进行接洽，最终获得这笔捐赠。捐赠人在谈及事先筹划时说道："我和 A 大学现任的领导班子都比较熟，捐赠前后曾经多次进行磋商。"对捐赠人来说，与其打交道的首先是代表学校形象的校领导，其次才是基金会的理事长、副理事长，这些角色从属于校领导身份。事实上，学校领导是否具有理事会领导身份，并不是捐赠者关心的事。

在基金会人事安排方面，包括秘书长、副秘书长在内的基金会管理人员的任免与使用，以及基金会班子配备、职数配置，大多按照学校党政干部的管理规则进行安排，学校党委组织部在此过程中会发挥重要作用。最终决定基金会高级管理职员任免的是校领导的大学行政职务，而非基金会理事长、副理事长职务。程序上更是如此，A 大学基金会日常运行过程中，理事长的角色往往被其所担任的校内职务所吸收，无论是召集和主持理事会会议，还是拟定基金筹集、管理和使用计划，大多是通过理事长的校内职务完成的，在学校行政体制框架内完成工作目标。重大事项决策在理事会会议上讨论前，大多由财务处长或主管副校长（当然的理事成员）向理事长（党委书记）进行汇报，根据情况进行调整。

由此形成了大学基金会理事会角色异化的情况，主要体现在决策权转移至大学管理层，理事会难以真正发挥内部决策机关的作用。主要原因在于绝大部分大学基金会理事是大学管理层的一员，遵循的行事理念是大学的行政规则而不是章程，追求的是大学利益而不是基金会的利益（尽管很多时候二者是重合的），影响因素往往是领导意志而不是公益责任。理事职责往往让位于大学行政职务职责，因此理事注意义务难以落实。基金会的其他理事兼任着学校财务处长、校办主任、产业处长、资产处长等重要角色，他们即使在基金会对外交往过程中，也大多以各自担任的校内行政职务出席活动，较少使用大学基金会理事的身份，甚至在名片上都不一定体现理事会理事的角色。事实上，这种大学基金会理事会角色异化的重要原因在于理事职务的高度重合，很难区分理事行为究竟是理事会职务行为还是学校行政职务行为，这也是理事会一元化特征在角色发挥上的必然反映。

（三）理事会文化

组织文化是在工作团队中逐渐形成的规范，是组织在长期的生存和发展中形成的为组织多数成员共同遵循的最高目标价值标准，是思想意识、基本信念、价值观念、道德规范和行为准则等软规则、群体意识的总和。组织文化是组织可持续发展的灵魂，也是推动其进步的不竭动力。组织文化不同于一般的文化，组织文化具有一定的范围，是可以被了解、控制、管理甚至是改变的。在组织中，组织文化不但会影响组织成员的沟通、判断和行为，同时也会与组织其他实体相互影响。[1]大学基金会组织文化是基金会在筹资募款过程中树立形成的，有其

---

〔1〕 富立友：《知识视角的组织文化》，上海财经大学出版社2010年版，第8页。

独特的文化积淀，这是由所在大学特色、办学宗旨、学科布局等诸多因素共同决定的，是被基金会成员认可且共同遵循的基本信念和认知。

大学基金会文化最重要的部分是理事会文化，是基金会其他方面文化的核心，它集中体现了大学基金会管理的核心主张以及由此产生的组织行为，体现到大学基金会管理的各个方面、各个层次。当然，理事会文化不可避免地受到大学文化的深刻影响。在当今大学中，行政化是其中的重要方面，在大学事务处理过程中，尚未形成一定的依法决策、民主决策和科学决策机制，缺乏制度保障决策的民主与科学。长此以往，这种行事风格固化为一种组织文化，潜移默化地影响着大学成员。

A 大学基金会在管理上几乎等同于校内其他部处，相应的，大学组织文化也自然转移到大学基金会当中，这种形式的文化转移主要是通过工作人员（特别是基金会管理者）的人事流动实现的。A 大学基金会首任秘书长曾任大学人事处处长、校长助理、校友工作委员会副会长兼秘书长等校内职务，继任秘书长历任基建处、财务处负责人，候任秘书长长期担任校友办公室主任职务，都有着丰富的校部机关行政管理经验。随着工作的调整，基金会也相应地浸染了行政化办事规则。普通工作人员也是如此，目前核心工作人员大多来自财务处、审计处等校内行政单位，要求这些具有校内事业编制的工作人员完全按照市场化基金会规则行事并不现实，对他们个人来讲，维持这种行政化思维，对个人后续在校内的流动与发展具有重要意义。

大学基金会组织文化中蕴含的官僚式文化，源于大学管理体制本身的行政化行事规则，这种行政化通过大学对其基金会的部门式管理，自然而然地传输到大学基金会的管理当中，使其运行规则不可避免地带有行政化基因。这种官僚式文化强调规章制度、授权、等级和控制，注重组织的等级结构和职权划分，这种管理理念在给组织带来稳定性与持久性保障的同时，也暴露出组织活力不足、与外界环境资源交流能力不强的问题，突出表现为大学基金会对外界潜在捐赠资源的感知不敏感，基金会员工创新意识不足以及对专业性的忽视等方面。

二、监事会

在现代公司制度中，所有权与控制权的分立导致了委托代理问题的产生，使股东很难直接管理或控制公司的各项具体事务，只能交由董事会进行日常事务管理。监事会的设计初衷是为了防止董事会、经理层因追求自身利益而损害公司其他利益相关方特别是股东的权益，与既有的诸多股东会、股东监督措施一道，构建了对董事会及董事权力的多层监控机构，实现对董事会的制约和监督。监事会是与董事会并列设置的，目的是防止董事会、经理滥用职权，损害公司和股东利益，是股份公司和规模较大的有限责任公司法定的必备监督机关。因此，从某种意义上讲，监事会在公司治理中起着防火墙的重要作用，是公司内部控制体系的重要组成部分。

与公司治理一样，监事会也是非营利组织内部治理的重要机制，其根本目的在于对理事会和管理层的权力形成有效的监督与制约。但非营利组织存在着所有权、控制权和受益权三者的分离，具有比公司治理更为复杂的治理特征，如同企业会出现管理问题一样，非营利组织管理问题正在以多种形式表现出来，利益驱动使非营利部门偏离公益宗旨的可能大大增加，这些问题给完善非营利组织监督机制提出了更高的要求。我国的法律法规也对非营利组织监事会的设置与职权进行了原则性的规定。依据《基金会管理条例》的规定，理事会是决策机构，秘书处是执行机构，监事会是监督机构，三者共同构成非营利组织的内部控制体系。监事列席理事会会议，有权向理事会提出质询和建议。条例还规定，为保证独立性，基金会监事及其近亲属不得与其所在基金会有任何交易行为，监事不得从基金会获取报酬。

大学基金会作为特殊的非营利组织，没有营利组织的竞争机制、业绩评价机制，导致其资源利用缺乏导向性，缺少必要监管，组织易于偏离正常发展轨道，影响大学基金会声誉。因此，构建运作高效、监督有力的监督机制是完善大学基金会组织运行机制的基本前提，也是大学基金会有序发展的必要制度保障。参照监督机制的定义，大学基金会监督机制是指大学基金会内部各要素相互制约关系，监督系统内部各构成要素来自监事会、理事会、捐赠者、师生代表等方面。在此基础上，监督机制还应该是外部监督机制和内部监督机制的整合，包括来自外部（如政府、社会公众）的监督，且应涵盖对所在大学的监督，实现他律和自律的良好结合。

按照大学基金会治理的制度设计，监事会作为基金会专门监督机构，其基本职能是：以决策、财务活动为重点，监督理事会和执行层相关活动，确保理事及管理者正确有效行使职权。对于违反法律法规、组织章程的行为，监事会有权要求纠正。通过监事会及其监事行使职能，可以对大学基金会理事、秘书处的行为进行有效的监督和控制，确保理事会和管理层行为符合法律、法规和组织使命。

与公司治理中监事会监督乏力类似，目前我国大学基金会监事制度也不同程度地存在着监督不力、监管不到位的问题，主要体现在监事缺乏独立性、专业不匹配等方面。分权与制衡的整体监督框架没有形成，制约了监事体制的运行。虽然《基金会管理条例》对监事会设置了原则性规定，但没有规定监事会成员的任职资格、任免程序以及相关责任机制，这一制度漏洞直接影响了大学基金会监事会作用的有效发挥，本应是组织内部重要监督主体的监事会与理事会一样未能起到应有作用，甚至形同虚设。本节将以 A 大学基金会监事会为蓝本，从监事自身独立性、监督有效性两个方面着手，对监督作用未能有效发挥问题进行描述。

（一）监事的独立性困境

在非公募基金会中，理事长和主要出资理事权力较大，其指定的监事多是内部人，在一定程度上损害了监事的独立性和监督效果。[1]与非营利组织监事会存在监督乏力现象一样，目前我国大学基金会虽然按照条例要求，建立了基金会监事会机构，但大学基金会监事会在职能行使方面也存在类似因独立性不足引起的监督乏力问题。从监事会来源来看，高等学校教育基金会监事一般由高等学校的在编人员兼任，从高等学校和其教育基金会的实体关系上讲，并不完全符合监管者的非相关人

〔1〕 张立民、李晗："我国基金会内部治理机制有效吗?"，载《审计与经济研究》2013 年第 2 期。

规定。[1]不仅如此，因为基金会与大学的深度关联和附属关系以及基金会单向服务于大学的特征，监督不力现象更为严重，造成监督机制缺失乃至失效。

具体来讲，我国大学基金会监事制度存在的问题主要表现在监事产生机制不合理等方面。监事大多产生自大学管理干部，缺乏必要的独立性。高校成立基金会的目的是通过接受来自社会各界的捐赠来补充办学经费，支持本校教育事业的发展。在此背景下，大学基金会与设立高校之间具有强烈的关联性。《基金管理条例》规定监事不得从基金会获取报酬。因此，在实践中，虽然在组织架构上，大学基金会都设立了互相独立的理事会和监事会，但在人员组成上，理事和监事大多由高校党政干部兼任，许多基金会理事、监事在高校内部具有行政上的直接隶属关系，在物质保障上，许多基金会监事还没有自己的常设办公机构，也没有固定的经费来源，无法深入了解和掌握真实的、第一手的信息资料。这使得监事的制度作用没能很好地发挥出来。

2004 年，A 大学基金会成立后，由学校党委副书记兼纪委书记任首任监事，在理事会召开时列席会议。2008 年，因其工作调整，原监事调出 A 大学，随即由学校审计处处长出任监事。A 大学基金会监事没有从基金会获取报酬，但由于任职于所在大学，薪酬由大学按照编制内待遇发放。此外，监事在学校所担任行政职务从属于理事长所担任的校内职务，而基金会理事

---

〔1〕 有祥君："我国高等学校及其教育基金会的非对称性依赖关系研究"，载《中国高教研究》2012 年第 1 期。

会又与学校党委常委会或校长办公会高度重合。这种情况产生的根本原因仍在于大学对基金会的过度控制，在基金会决策权转移至大学的情况下，基金会重大决策一般根源于学校层面，对大学基金会的监督事实上等同于对大学管理层、管理体系的监督，监督基金会决策意味着监督学校领导决策，这种情况是监事们不愿看到的，监督效果大打折扣。

因此，由于自身独立性的先天缺乏，以及理事会与大学的高度关联性，监事在大学基金会框架内很难发出自己的声音，监事会监督往往流于形式。这种内部人监督内部人，且前者隶属于后者的监督机制本身就有较大缺陷，很难真正发挥监督作用。监事缺乏监督所需的必要独立性，而这种独立性正是监事机制发挥作用的前提条件。

（二）监事监督的有效性——动力与能力的不足

监事会的职责是按照《基金会管理条例》以及章程规定，对理事会及执行层的行为进行有效监督，确保其行为符合法律以及章程要求。监事有权列席理事会会议，会议过程中有权向理事会、理事提出质询。监事制度的有效实施，可以为大学基金会安全有序地运行构筑一道防火墙。然而，本应是监管主力的监事会，本质上属于大学相关监督机构在大学基金会的延伸，正如大学内部监督乏力一样，基金会监事会也存在监督动力与能力双重不足的困境，难以有效发挥监督作用。

首先，基金会监事监督乏力源于监事监督动力的不足。基金会监事往往由大学纪检、监审部门负责人担任，大多把监事职责作为学校本职工作的附加内容之一，属于职务行为的延伸，而不是使命感指引下的自发监督行为，监督意愿不强烈。

其次，监事监督能力不足也制约了监督机制的有效发挥。依据《基金会管理条例》的规定，监事的工作是集财务会计资料检查、理事会决策合规性监督等业务于一体的综合性工作，对监事在财务、会计、法律、商务等专业知识上的要求比较高。在实际工作中，大部分基金会监事都由高校党政干部兼任，其本职工作与监事涉及的领域关联性不强，也没有经过专门培训，难以胜任监事职权范围内要求的专业性工作。[1]会计、审计等专业部门的主要领导没有相关专业背景，但仍然可以领导专业团队管理这个单位。然而，当其以个人名义担当监事时，专业知识的缺乏会使其难以行使好监督职责。A 大学基金会监事由于本身没有分管财务或基金会会计工作，很难接触到基金会财务和会计资料，无法获得足够信息以便对理事会遵守法律和章程情况进行监督。从 A 基金会历次理事会会议纪要看，由于上述因素影响，监事在会议过程中极少能对理事会决议提出质询，制约了监事作用的发挥，这也是目前国内大学基金会存在的普遍现象。

与理事会能力不足问题一样，监事会独立性与专业水平不足同样源于大学对其基金会的深度控制，使监事的选择完全由大学管理层制定，而不是由理事会决定。监事会监督不力的问题归根结底也是理事会弱化的表现之一，是理事会弱化造成的后果。因此，解决监事监督不力问题的关键在于提升理事会的自治水平，使其拥有在理事会框架内决定监事资格及人选的权

〔1〕 戴志敏、石毅铭、蒋绍忠等：《大学教育基金会管理研究》，浙江大学出版社 2010 年版，第 124 页。

力，进而明确监事职权范围和行事原则。通过这些举措，监事独立性与专业水平不足的问题就会迎刃而解，进而破解监事及监事会监督不足的难题，促进监事作用有效发挥。

三、秘书处

2004 年颁布的《基金会管理条例》仅对理事会、监事会的设立进行了原则规定，没有对秘书处设置进行明确要求。与其他基金会、非公募基金会设立相应的执行机构类似，为了完成自己的使命与任务，更好地推动和促进大学教育事业的发展，大学教育基金会除了设立理事会作为权力机构、成立监事会作为监督机构以外，还必须有专门管理机构负责基金会日常工作，在理事会授权下贯彻落实理事会决策。

秘书处是在理事会领导下执行既定方案与政策、开展具体业务的实际操作部门，是大学教育基金会的日常办事机构，是联系基金会与社会、校友之间的重要纽带。秘书处工作“承上启下”，其工作成效直接影响基金会的整体工作。秘书处往往是基金会机构设置最具裁量权之处，也是最体现大学特色之处。大学教育基金会一般根据自身需要，按照与基金会定位、规模、任务相适应的原则，结合基金会人力资源状况建立相应的管理机构，如综合协调、财务、信息、对外联络部门等，涉足投资等领域的基金会往往还会设立专门负责投资管理的部门，与校友会合署办公的大学基金会还专设有校友联系机构。此外，教育基金会还可根据基金海外业务的拓展情况设立相应的海外派出机构。

基金会秘书处是在秘书长领导下的大学基金会具体办事机

构，统一协调和管理社会捐赠工作，并负责有关项目的具体实施。按照A大学基金会章程，秘书长行使实施理事会决议、管理日常工作和经费、提议聘任或聘任副秘书长、协调各机构开展工作以及财务负责人等职权。大学基金会秘书长在基金会日常管理中起着承上启下的重要作用。本节将着重从秘书处职能发挥角度出发，在描述理事会、监事会治理问题的基础上，从秘书处产生与行事方式入手，概括出秘书处在实际运作过程中出现的若干治理问题。

（一）秘书长产生方式与机构设置

A大学基金会在校内行政级别上与学校办公室、宣传部、招生处等部门同属正处级单位，其秘书长等基金会领导调整也遵循着与其他部处相同的路径，大多先由党委组织部门物色人选，再交由校领导讨论酝酿，最后由党委常委会通过。A大学在确定基金会秘书长人选时，先经过组织部门对初步符合条件的人选进行筛选，交由主要校领导（当然也是基金会理事会主要领导）与分管校领导提前酝酿与沟通，在达成共识后，经过常委会讨论通过，最后放到理事会上任命。

A大学基金会首任秘书长历任大学校长助理、人事处处长、校友工作委员会副会长兼秘书长，在教育基金会成立后担任秘书长一职，但兼任校友会领导。之所以由他出任秘书长，主要是考虑基金会与校友会工作有一定相关性，由他统筹两个部门便于工作开展。2009年基金会换届后，首届秘书长由于年龄原因不再担任基金会职务，由时任校长助理、财务处长接任秘书长职务。其后，A大学基金会现任秘书长升任副校级领导后，仍然兼任秘书长职务，由于分管领域较多，日常工作任务繁重，调整秘书长提上日程。学校领导经过研究，拟提名分管校友工作副校长接任秘书长职务，只待下次理事会讨论通过。从A大学基金会秘书长历次人事调整可以看出，秘书长人选并没有简单按照相关基金会规定纯粹由理事会选定，而是由学校管理层甄选恰当人选后作出决定，再由理事会进行确认。这种秘书长产生方式是理事会成员单一属性造成的结果，也是大学基金会发展初级阶段的必然选择。通过这种方式可以较快地产生人选，并且能够听从于大学管理层意志，是一种适合于当前大学基金会管理模式的次优选择。

此外，大学管理制度的同质性也使大学基金会秘书处千篇一律、缺少特色。大学管理制度、管理机构的高度同质化使大学基金会难出其窠臼，秘书处基本上套用一种机构框架，较少体现学校、学科特点，缺乏针对性。基金会机构设置原则就是要与大学对口，而不是与市场对口、与潜在捐赠方无缝衔接，这也是大学组织科层化在基金会当中的体现，这种行政化规则影响了大学基金会的竞争力。

（二）思维与行事方式

A大学基金会秘书长产生方式决定了他在获得任命后，先要对大学管理层负责，然后再对由校领导组成的理事会负责，实质上对大学管理层负责，形式上对理事会负责。副秘书长、各部门主管等其他基金会核心管理层也多为大学方面派驻，相应地对学校负责。这种任命方式决定了学校行政体系对基金会具有的天然影响力，使行政思维随之传导至大学基金会，形成“基金会行政化”的管理格局。这种行政化格局在A大学基金会管理中产生了深远的影响，这种影响不仅体现在基金会内部行政管理体制与方式上，更多地固化为大学基金会管理者的思维模式，进而深刻影响着秘书长、副秘书长以及秘书处普通工作人员的行事方式。不仅如此，这种行政思维还起到了联系纽带作用，使大学与其基金会关系更加紧密，加剧了业已存在的基金会对大学的依附。

这些具体的行政化形式并不是空洞的概念，而是有一整套潜在的行政规则贯穿在大学行政事务当中，这也是行政化思维在实践中的反映。这些行政规则随着大学与基金会的深刻关联，又或明或暗地复制到大学基金会管理中。大学行政化程度决定了大学基金会的行政化程度，为基金会组织治理的健康发展埋下隐患。大学行政体制对基金会秘书长及其工作人员的影响，主要表现在以下几个方面：

1. A 大学基金会工作人员中，有相当部分属于学校事业编制，除工资外还享受学校医疗、养老等各种福利待遇。这种管理体制一方面使工作人员具有较强的工作稳定性，另外一方面也束缚了工作人员的创造性，很难有达成筹款指标的冲动，按部就班完成任务还可减少犯错的概率。此外，现行 A 大学人力资源制度也决定了大学基金会在年度考核时，大多采用与其他机关部处相当的考核评价标准，缺乏具有基金会特点的、针对性强的评价体系。相应的配套政策体系也有所缺失，比如，针对大学基金会行业特点的激励机制尚未建立，影响了基金会人力资源的有效开发，基金会活力有待进一步激发。

2. 当前大学基金会面临人才困境，表现为招不来、留不下懂得基金会运作规律、乐于创新的专业人才，使基金会难以占领人才高地。以 A 大学基金会为例，秘书长选用人才权限主要体现在两个路径：①依据学校人事处规定，按照常规毕业生选留程序聘用当年硕士毕业生，给予其事业编制，享受医疗、养老、子女上学等相关福利。然而，以目前 A 大学行政职员的工资标准，很难留下金融、经济类等与基金会工作相关研究生，特别是男生；其他专业毕业生的选留，也要受到北京市户籍政策的限定。②基金会可以面向社会招聘不具有事业编制的工作人员，与基金会签订聘用合同。因为没有事业编制，工作稳定性一般，且待遇往往低于事业编制工作人员，吸引基金会领域专业人才更是困难，这些人大多从事财务、信息汇总等事务性工作。这种依附于大学人力资源体系之下的基金会用人机制，很难吸引投资、法律、新闻、项目管理等专业型人才，从某种程度上讲制约了基金会长远发展。

3. 基金会内部管理对大学体制的依附造成基金会自主权缺失。大学行政化规则对基金会的影响还体现在指令依赖方面。我国政府与大学的行政关系，突出表现在大学不论在形式和实质上都是政府的隶属机构，大学在办学中很大程度上是在执行政府的行政指令。[1]与之类似，大学与其基金会的行政关系，也表现为基金会属于大学的隶属机构，在捐赠管理中大多执行大学的行政指令，是政府对大学行政化干预的翻版。伴随着诸多行政化规则对大学基金会的影响，基金会形成了一种资源依赖的惯性思维，没有行政化的指令，大学基金会难以自主开展工作。

---

〔1〕 孙和义：“克服行政化倾向　推进现代大学制度建设”，载《中国高等教育》2012 年第 1 期。

A 大学基金会目前的职位设置与大学完全挂钩，大学对秘书长、副秘书长按照处级干部管理权限管理，基金会对内部员工按照科级干部规定进行管理。基金会在得到大学级别与组织待遇的同时，失去了大学基金会组织活力以及相应的自主权，如引进人才的定价谈判权、按照基金会特点进行机构设置和管理等。此外，A 大学基金会历任秘书长大多兼任学校其他行政职务，这种安排没有完全做到章程规定的秘书长专职，职务上的重合使学校对基金会的控制更加便利，也使基金会的财务管理成分较多，与真正意义上基金会功能的实现还有距离。同时，秘书长在行使上述职能过程中，大多体现的是大学行政领导的意志，而不是理事会的决议，这种情况又加剧了基金会自主权的流失。

第三节　A 大学基金会的决策机制

决策是抉择、决定的意思，意指为了实现特定的目标，在尽可能获得充分信息的基础上，借助科学的方法对影响目标实现的因素进行分析和判断，进而从诸多备选方案中择优。决策包括发现问题、确定目标、确定评价标准、方案制定、方案选优、方案实施及反馈等不同阶段。在决策、组织、协调等诸多组织治理环节中，决策是其中的核心环节，是公共管理、企业管理、非营利组织管理过程中最为核心的一种组织活动。决策正确是执行顺畅、目标得以顺利实现的先决条件。因此，决策质量直接影响了组织的管理水平，影响单个组织的效率和竞争力，决策与组织运行的成败有着直接关系，对组织效能具有决定性作用。

良好的组织决策有赖于组织内良性决策机制的构建。决策机制是指组织内部决策主体之间、决策主体与组织外部决策主体之间，以提高组织决策质量与实现组织利益为目标，通过合理配置决策权力而作出的关于决策运作的程序、规则与方式的制度安排。具体包括决策主体的确立、决策权划分、决策方式等方面。不同的组织有不同的组织特点与发展周期，因而决策机制也有所不同。与其他非营利组织治理机制类似，大学基金会决策机制体现在机构设置、筹资管理、投资运营、基金使用、监督制约等诸多环节，其科学化水平关乎组织使命的完成。然而，大学基金会决策机制又不同于一般的非营利组织，根据《基金会管理条例》的规定，我国的大学教育基金会在被定位为非营利法人的同时，它又是以服务高校为宗旨而设立的带有依附特点的组织，具有鲜明的自身特点。因此，大学基金会作为一种特殊的非营利组织，在决策机制方面有其特殊性。

大学基金会决策机制包括理事会决策与秘书长决策两个层面，但重点在于理事会决策层面，主要包括制定基金会内部管理工作规程与制度；设计基金会重大业务活动方案，如资金募集、管理和使用计划；设立基金会办事机构及其分支机构；推选和罢免秘书长、决定由秘书长提名的副秘书长和各机构主要负责人的聘任等。在重大问题决策后，大量事务性工作交由秘书长处理。秘书长工作内容主要体现在落实理事会决策方面，秘书长自身决策主要体现在决定办事机构专职人员聘用等方面。在两个层面决策机制共同作用下，大学基金会得以正常运转。

然而，由于大学基金会还处于另外一重管理方——所在大学的影响之下，因而其与大学有着千丝万缕的联系。大学教育基金会是在政府和市场筹措教育经费不足的情况下应运而生的，与生俱来地具有为大学服务的特质，这一点在中外大学基金会章程中都有体现。但目前情况是：我国大学教育基金会在很大程度上变为学校的附庸，失去了作为一个民间非公募基金会的独立地位，相应的决策机制也难免会受到影响，决策机制的科学化建设还缺乏制度保证。本节将围绕大学基金会决策机制，设置决策模式、决策主体、决策内容三个二级指标，系统地描述 A 大学基金会决策机制的内涵与运行特点，深入地分析其运行过程中存在的突出问题。如表 4－4 所示。

表 4－4 大学基金会决策机制

一级指标	二级指标	描述指标的界定
决策机制	决策模式	理事会作用发挥机制
	决策主体	理事会或学校管理层
	决策内容	核心决策内容归属

一、决策模式

Mintzberg 在研究中将理事会视为一种外部联盟，并依据权力分布状况，将其分为主导型外部联盟、分化型外部联盟以及消极型外部联盟三大基本形态。此种观点对描述我国大学基金会决策模式具有一定的解释力。主导型外部联盟指当某一外部影响者或一批采取一致行动的外部影响者掌握组织大部分权力时，即构成主导型外部联盟。因为影响者所拥有之权力是可指挥的、集中的，故其易于发展出与高层管理者间的私人接触途径，并握有更换高层管理者的权力，甚至对管理者所提之任何决定都可予以否决。因而，主导型外部影响者原则上可以控制住内部联盟（指组织内部之管理者及其他员工）。在此情况下，主导型影响者可凭其在董事会中的地位控制管理者。至于为何会形成某一影响者主导整个外部联盟的运作，除了地位、人格力量或个人努力外，最主要原因在于依赖关系，即当组织越是依赖某单一顾客或供应者时，越有可能促成该顾客或供应者拥有相当大的权力。分化型的外部联盟是指当外部联盟的权力是由诸多独立的影响者所分享时，就成为分化型外部联盟。而消极型外部联盟是指当外部影响者的人数持续增加，权力分布就会越来越趋于分散，直至达到某一程度时，外部联盟将变成消极被动的，而且权力亦会转移至内部联盟手中。[1] 与决策模式相关的研究还包括 Murray，Bradshaw & Wolpin 1992 年进行的实证研究，他们发现理事会决策在非营利组织运作中体现为以下五种模式：首席执行官主导理事会、理事长主导理事会、权力分割的理事会、权力分享的理事会、无权力的理事会。[2]

通过对上述两种决策模式的介绍，不难发现情况特殊的大学基金会决策模式很难简单地放在五种模式中去考察，更多的是呈现出 Mintzberg 所定义的主导型外部联盟。根据校情、领导人风格、基金会所处发展阶段的不同，大学基金会在决策实践

〔1〕 Henry Mintzberg, *Power In and Around Organizations. Englewood Cliffs*, N. J: Prentice Hall, Inc, 1983, pp. 96 ~ 110.

〔2〕 Murray V., Bradshaw P., Wolpin J., "Power in and around nonprofit boards: A neglected dimension of governance", *Nonprofit Management and Leadership*, 1992, 3 (2), pp. 165 ~ 182.

中可能呈现出不同的决策分布状况，具体体现在决策过程中是指谁来参与、谁能参与、谁能决定基金会重要决策、谁来履行权力以及决策形成过程等问题，核心是理事会在决策过程中的权力占有情况，其中又以决策主体的归属最为关键。

理事会是组织决策和治理的最重要机构，但在实际中，很少有理事会能充分履行职能，组织的真正决策者往往是少数几位常务理事、执行理事或秘书长。[1]理事会决策机制为垄断型的情况往往是资金引入者对该基金会有强烈的影响力，以其个人特质直接对其他理事乃至整个理事会产生强烈影响，主导基金会的决策权。[2]这种情况也在大学基金会不同程度地存在着，并在决策主体、决策内容等方面呈现出不同的特点。不同于其他非营利组织决策机制异化造成决策权分散、形成两个决策中心的情况，A 大学基金会的决策机制则是相对固定在大学管理层一个中心。大学基金会形式上是独立法人，但处于大学主导的状况之中，不可避免地有着深刻的大学烙印，存在着过度依附的情况，由此产生了决策异化问题。应该看到，包括大学基金会在内的基金会组织属于社会公益事业，基金会理事会应当对全体社会公众负责，而不仅仅是对所在大学负责，理事会决策的首要任务是对捐赠人和社会公众负责，由大学管理层替代基金会理事会进行重大决策显然不符合这种要求。

在实务当中，无论是作为业务主管单位的市教委，还是作为

---

〔1〕 徐晞：《我国非营利组织治理问题研究》，知识产权出版社 2009 年版，第 57 页。

〔2〕 中国人民大学非营利组织研究所、公域合力管理咨询公司：《2009 年中国非公募基金会发展报告：非公募基金会内部治理研究报告》，第 45 页。

登记机关的市民政局，都很少对 A 大学基金会进行控制或干预。但作为发起人的 A 大学，凭借着对基金会的深刻影响，对其实施着全方位的组织控制，这源于大学基金会对所在大学特殊的依附关系。大学基金会相当于大学内部机构，对大学的依附性非常高，加上学校、基金会领导身份的高度融合，相应的最高组织决策权转移到大学管理层，从而造成理事会决策形式化。

二、决策机制的主体

自主管理是非营利组织实现公益性目标的前提条件，也是行业良性发展的重要环节。在政府、社会与非营利组织多元治理的格局中，非营利组织自我治理应逐渐凸显成为治理的主体力量。[1]而这种自我治理机制的核心就在于决策主体不应是游离于非营利组织的某种外部力量，而应是其自身的决策机构。《基金会管理条例》确定了理事会是基金会的决策机构，依法行使章程规定的职权。因此，作为社会共有的非营利组织，理事会作为社会的受托人，经法律授权成为非公募基金会法定的决策机构，肩负着社会委托的重要使命，是非公募基金会的神经中枢，控制着机构的决策和运作。理事会决策机制的有效性决定了组织的治理水平。这种功能定位要求基金会理事会对机构的战略方向、重大决策行使最终决策权，理事会要根据章程、宗旨、运行方式、议事规则来进行基金会日常事务的决策和管理，并在运行过程中不断地强调基金会的宗旨、使命和目标来

---

〔1〕 张立民、李晗：“我国基金会内部治理机制有效吗?”，载《审计与经济研究》2013 第 2 期。

增加团队的凝聚力。

按照理论逻辑和法定职责要求，理事会是治理的核心，是基金会集体决策的主体，然而实际上理事会作用的发挥受到各种因素的影响而形成不同的表现形态。[1] Murray, Bradshaw & Wolpin 的研究给我们研究大学基金会理事会决策机制提供了参考。与其他非营利组织决策权出现分散的情况一样，目前国内大学基金会理事会的决策权也并非完全由理事会、理事行使，而是存在不同程度的决策偏移现象。但上述研究中，五种情况均没能反映出目前大学基金会深受所在大学深度控制、未能发挥自主权的情况，也没能反映出大学与其基金会的互动关系。

尽管按照《基金会管理条例》和基金会章程，大学基金会理事会被赋予组织治理的终极权威，但其并未发挥出应有的决策主体作用，理事会决策自主性难以保证。大学基金会存在决策缺乏自主性问题，这一方面有着与非营利组织类似的原因，但同时大学基金会也有其自身特点，源于大学基金会特殊的使命及依附性。大学与其基金会二者存在明显的行政隶属关系，也为理事会独立性不强、职责被剥夺埋下了伏笔。高等学校设立基金会的目的性，以及高等学校作为教育基金会主要投资者的身份，客观决定了高等学校制约其教育基金会的路径形式。体现在教育基金会的组织结构上，即为高等学校直接或间接控制了基金会的决策机构——理事会。[2] 体制的高度依附造成大

---

〔1〕 程昔武：《非营利组织治理机制研究》，中国人民大学出版社 2008 年版，第 111 页。

〔2〕 有祥君："我国高等学校及其教育基金会的非对称性依赖关系研究"，载《中国高教研究》2012 年第 1 期。

学主导的外部联盟对大学基金会产生了深刻影响。

田凯曾对政府影响其他非营利组织决策的问题进行研究，他认为，强有力的政府控制直接影响到非营利组织理事会制度的实施，表现之一是非营利组织内部决策权力的外化控制。也就是说，一些原本属于非营利组织内部决策的权力，被纳入政府的运作体系中，非营利组织失去了对组织内部事务的决策权。尽管从制度层面看，理事会是基金会决策机构，理事长应从理事中选举产生，但事实上在很多具有政府背景的非营利机构中，理事长、副理事长、秘书长这些对组织发展至关重要的领导人物，是由业务主管部门（或党的组织部门）任命的。组织的一些重要决策权也掌握在业务主管部门手中，而不是在理事会手中。业务主管部门和登记管理机关还在理事和监事来源等重要问题上有着重要决定权。当这些重要的决策权力被架空之后，理事会制度已经在很大程度上不能有效发挥作用了。[1]就大学基金会理事会决策权力而言，大学基金会整个组织架构依托于大学的行政管理系统且由大学发起，财务、资产运行体系依附于大学管理渠道；社会声誉资源完全依赖于大学的校友资源和社会影响。人事方面，基金会理事成员当中，大部分成员来自校方，一般工作人员也多为校方事业编制。高等学校教育基金会的日常事务机构，如秘书处或者办公室等，通常由学校的某个职能部门兼任，这就使高等学校教育基金会更加接近于高等学校的直属单位，而并非一个依法独立享有民事权利和承担民

〔1〕田凯："中国非营利组织理事会制度的发展与运作"，载《经济社会体制比较》2009 年第 2 期。

事义务的组织实体。[1]因此，实践中大学基金会的组织决策权往往被转移至基金会所在大学管理层，构成了以大学为主、业务主管部门和登记管理机关管理为辅的大学基金会三重管理体制。

因此，本应独立决策的大学基金会，不仅被大学所“控股”，而且其决策权也被转移至大学管理层，重大决策在理事会外形成，充其量通过理事会会议的形式使其合法化，理事会“自主决策”异化为“行政化”。表面来看，大学管理层在对大学基金会人力资源、财务资源深度控制，基金会机构设置与大学管理机构高度重合的情况下，在大学决策体制下进行决策会更为顺畅，更有效率，相应地，执行意志会更加坚决，但大学主导其基金会决策的背后，有着更为复杂的原因。

作为独立法人机构，大学基金会享有独立决策权，然而由于受到诸多因素影响，大学基金会决策机制呈现出不同特点。一般情况下，理事会、秘书处以及秘书处下设办事机构之间决策层级不同，相应的决策分工也不相同。形成了不同的决策权边界，权力边界清晰。理事会、秘书处等每一决策层的决策权都应在章程中加以明确，都应清楚其权力范围，知道有权对什么行为作出决策，无权对什么行为作出决策。权力边界清晰是层级组织决策机制运行的基础。与公司治理中的层级制决策体制相同，大学基金会治理过程中的决策机制存在一个最高决策机构。无论组织规模如何庞大，存在多少层次，决策权如何分

---

〔1〕 有祥君：“我国高等学校及其教育基金会的非对称性依赖关系研究”，载《中国高教研究》2012 年第 1 期。

解，大学基金会只能有一个最高决策机构而不是多个。按照基金会章程规定，这个最高决策机构应该是理事会，理事会决策是整个大学基金会决策机制的核心，理事会决策的成效直接影响着大学基金会的整体治理效果。

因此，理事会是大学基金会决策机构，负责整个基金会战略层面上的管理。理事会要根据内外部环境的变化，适时地调整基金会使命并对基金会工作作出战略性决策，如大学基金会定位、筹资战略规划和投资运作、基金会组织文化构建、章程制定与修改、基金会组织机构设置及调整、基金会重要人事任免、审议理事会工作报告和财务报告、年度预决算及其他基金会重大事项决定等。[1]这是《基金会管理条例》及大学基金会章程赋予理事会的法定权力。然而，实际情况并非如此，理事会作为基金会最高决策机构，依法行使基金会章程规定的若干职权，其中最核心的职能在于战略决策，但更多时候理事会的决策流于表面和形式，没有进行更深入的讨论。[2]这种决策权的主体错位也是理事会结构与大学管理层结构高度重合的具体表现。A 大学基金会 12 名理事中，11 人为学校领导或相关部处中层干部，理事会几乎等同于学校常委会或党政联席会扩大会，无论是上文述及的秘书长、副秘书长等重要人物任免，还是重要筹款事项，A 大学基金会若干重大决策权或是转移到上述学校层面会议，或是转移到更小范围，如书记、校长、主管副校

---

〔1〕周红玲、张振刚："中国大学基金会组织机构设置探析"，载《华南理工大学学报（社会科学版）》2010 年 8 月。

〔2〕鲁小双："大学基金会内部治理机制探析"，载《社团管理研究》2012 年第 11 期。

长等，基金会理事会实质决策权所剩无几，基金会决策主体产生了偏移。

三、理事会会议决策内容

大学基金会理事会会议是指理事会在职责范围内为研究决定基金会重大事项和突发紧急事项而召开的会议，是基金会理事会议事、决策的主要形式，一般由理事长主持召开，根据议题可请大学有关部门或其他相关人员列席。理事按规定参加理事会会议是履行理事职责的基本方式。

大学基金会理事会定期召开会议并作出决议，才能发挥理事会议事决策功能。为督促理事会担负起应尽职责，《基金会管理条例》规定理事会每年至少召开两次会议，因实际需要，多开会议不受限制。之所以对理事会每年应召开会议最低次数进行要求，是防止因长期不召开理事会而削弱理事会作用，甚至使理事会虚设。相应地，A 大学基金会按照条例要求，在其章程中对一年召开两次理事会予以明确，原则上在上半年与下半年各召开一次，因主要校领导工作繁忙或学校的特殊情况，会期可能会适当调整。

然而，在理事会决策机制尚未有效构建的情况下，简单规定理事会会议次数并不能起到防止理事会虚设或弱化的作用。相反，在基金会决策机制健全、理事会真正发挥决策作用情况下，会议次数的限制自然失去了约束的必要。

《基金会管理条例》对理事会职权进行了原则规定，其中明确规定理事会是基金会的决策机构，依法行使章程规定的职权。在此基础上，各大学基金会在各自章程中对理事会决策内容进行细化，如 A 大学教育基金会在其章程中对理事会决策内容进行了原则规定，职权包括选举、罢免理事长、决定重大业务活动、年度收支预算及决算审定等职权。[1]

其他大学基金会如复旦大学教育发展基金会、北京师范大学教育基金会、浙江大学教育基金会、南京大学教育发展基金会等都对理事会职权做了近乎相同的规定。本书通过对国内大学基金会理事会职权的分析，将其决策权大致分为 5 大类别，详见表 4－5。

表 4－5　国内大学基金会理事会决策权分类

序号	职能类别	具体职权
1	机构设置与调整	决定设立办事机构、分支机构、代表机构
		决定基金会的分立、合并或终止
2	制度规定	制定、修改章程
		制定内部管理制度
3	人事安排	选举、罢免理事长、副理事长、秘书长
		决定由秘书长提名的副秘书长和各机构主要负责人的聘任
4	财务监管	决定重大业务活动计划，包括资金的募集、管理和使用计划
		年度收支预算及决算审定
5	日常监督及其他	检查秘书长的工作

A 大学基金会理事会程序规范，符合《基金会管理条例》

〔1〕《A 大学基金会章程》。

与章程要求。然而，在决策主体与决策内容没有理顺的情况下，理事会会议程序规范并不代表基金会决策程序规范，形式上规范并不能说明理事会具有健全的决策机制。通过查阅 A 大学基金会历年部分理事会会议纪要，本书将相关会议内容进行了罗列，如表 4－6 所示。

表 4－6 A 大学部分理事会会议内容

序号	会议名称	时间	参加人	列席人	内容
1	理事长会	2005	理事长、副理事长	监事、秘书长	通报基金会工作情况，讨论通过了基金会有关规章制度。
2	理事会	2006	全体理事	监事、基金会秘书	汇报民政局对基金会 2005 年年审情况；讨论《基金会投资管理办法》；讨论基金会本年重点工作和制度建设；增补理事。
3	理事会	2010	全体理事	监事、理事会秘书	听取 2004～2009 年基金会工作及换届审计情况汇报；回顾第一届基金会理事会工作；选举第二届基金会理事；选举第二届基金会理事会领导成员；讨论新一届理事会工作。
4	理事会	2011	全体理事	监事、理事会秘书	积极推进并做好一项大额捐赠相关工作；同意某实物捐赠所发生的相关工作费用由基金会拨付；经表决通过基金会秘书长调整方案，增加两名基金会副秘书长。

续表

序号	会议名称	时间	参加人	列席人	内　容
5	理事会	2012	全体理事	监事、理事会秘书	听取秘书长汇报年度基金会工作总结和工作计划；新增名誉理事；理事提请讨论的其他问题。
6	理事会	2012	全体理事	监事、理事会秘书	讨论一项大额捐赠后续管理与使用方案；增减基金会理事。
7	理事会	2013	全体理事	监事、理事会秘书	制定信息公开、人事管理制度、重大事项报告制度等办法；修订项目管理等办法。
8	理事会	2013	全体理事	监事、理事会秘书	2013 年工作总结、2014 年计划、捐赠情况汇报、北京市民政局委托专项审计情况汇报、基金会人事任免。

通过对理事会会议内容的分析可以发现，A 大学基金会历次会议上讨论的内容大多集中在听取秘书长工作汇报、新增名誉理事、理事调整等常规事项上，涉及秘书长、副秘书长调整等重大关键问题大多是在理事会外进行酝酿、讨论，达成初步共识后，以理事会形式进行通过。总体来看，A 大学基金会理事会会议呈现出两多两少的情况：①事务性决策多，如听取秘书长所作的基金会工作报告、换届审计情况汇报，回顾讨论第一届基金会理事会工作等事项；②战略性决策少，如重要筹资

项目策划，重要人事安排等较少；③形式性决策多，如增补理事，通过秘书长调整方案等；④实质性决策少，从而使理事会决策流于表面和形式，对关键事项缺乏深入讨论。造成这种情况的主要原因，一是基金会处于发展初创期，本身涉及的战略性、实质性决策较少；二是在大学对其基金会进行深度控制的背景下，基金会层面能够进行的重大决策大多转移至大学管理层面。这种理事会功能简单化情况使基金会相对比较封闭，缺少开放性和专业性。

第五章
大学基金会的治理问题及其解释

第一节　大学基金会的治理问题

一、大学基金会治理与基金会条例不协调之处

从上述 A 大学基金会的治理实践可以看出，理想的内部治理结构远未在大学基金会领域实现。在 A 大学基金会实际运作中，大学与其基金会的职权存在相混淆的情况，大学管理层管理职权事实上替代了基金会本身职权，产生了管理权转移现象。这种管理模式之下的大学基金会，虽然在形式上都满足诸如理事和监事数量构成、原始基金规模、基金会每年用于从事章程规定的公益事业支出最低比例、办公人员工资福利和基金会行政办公费用占当年总支出最高比例等硬性指标，然而大学基金会形式独立、实质依附的现状使制度约束打了折扣。换句话说，大学基金会组织治理是为了满足法规要求而设立并运作的，是一种象征性作用，其治理现状与现行《基金会管理条例》存在

着若干不协调、不一致之处，大体表现在以下几个方面：

第一，《基金会管理条例》规定，用私人财产设立的非公募基金会，允许捐赠人的亲属在理事会中担任理事，但对比例进行了限定：相互间有近亲属关系的基金会理事，总数不得超过理事总人数的1/3；其他基金会，具有近亲属关系的不得同时在理事会任职。对亲属关系进行必要限制，出发点在于减少理事会裙带关系，确保理事会决策的公益属性，最大限度地减少关联决策。虽然大学基金会理事中极少发生亲属关系这种情况，然而理事会中校内理事占据绝大多数席位且具有上下级关系，事实上会产生类似于亲属关系的关联决策行为，不利于大学基金会理事会职能的有效发挥。此外，《基金会管理条例》还规定，基金会理事遇有个人利益与基金会利益关联时，不得参与相关事宜的决策。在大学基金会治理过程中，部分理事担任大学党政领导职务，在理事会领导层同时兼任学校领导的前提下，这部分理事很难不顾及个人发展独立地参与基金会理事会决策，事实上存在个人利益与基金会利益相关联的情形。

大学基金会在基金会中具有一定的特殊性，现行《基金会管理条例》未对上述情况进行明确限定。在后续基金会条例修订或制定单纯的大学基金会规章时，需要更好地照顾到大学基金会治理中出现的特殊情况，对理事会中出现的上下级关系问题进行必要限定，更好地推动大学基金会健康发展。

第二，2004年实施的《基金会管理条例》以法规形式规定基金会必须建立理事会作为组织的决策机构，明确了理事会在基金会治理结构中的核心地位。《基金会管理条例》第21条规定，理事会是基金会的决策机构，依法行使章程规定的职权。

下列重要事项的决议，须经出席理事表决 2/3 以上通过方为有效：①章程的修改；②选举或者罢免理事长、副理事长、秘书长；③章程规定的重大募捐、投资活动；④基金会的分立、合并。

然而，基金会治理的实际情况要复杂得多，利益各方相互博弈，理事会没能实现专享决策权。在大学基金会实践当中，这种决策权不明确的情况同样存在，情况却略有不同。虽然《基金会管理条例》、各大学基金会章程把理事会作为内部治理的核心机构，理事会拥有章程制定和修改、重大业务活动计划、内部管理制度、人事任免等职权，[1]但实际情况并非如此，很多具有大学背景的党政领导占据了理事长等领导岗位，秘书长这种需要业务背景的职位也由大学组织部门一并考虑人选。相应的理事会重大事项决策权也随着这种特殊的理事会人事安排产生了变化，一些原本属于大学基金会内部决策的权力，如基金会内部财务权、人事调配权等，也随着理事会的一元化被纳入大学的整体运作体系中，基金会失去了对组织内部事务的管理权。由此，大学作为发起人以及基金会资源提供者，在理事会决策体系之外搭建了新的决策平台，形成了另一套决策机制，使理事会未能成为基金会内部决策机制的核心，而仅仅是大学为了获得社会认可，按照《基金会管理条例》的要求将基金会形式合法化的措施之一，这种情况导致了大学基金会内部治理结构呈现出依附发展的格局。

---

〔1〕 田凯："中国非营利组织理事会制度的发展与运作"，载《经济社会体制比较》2009 年第 2 期。

第三，《基金会管理条例》规定基金会设监事，监事任期与理事任期相同。理事、理事的近亲属和基金会财会人员不得兼任监事。监事依照章程规定的程序检查基金会财务和会计资料，监督理事会遵守法律和章程的情况。监事列席理事会会议，有权向理事会提出质询和建议，并应当向登记管理机关、业务主管单位以及税务、会计主管部门反映情况。这一规定旨在将监事与理事关系进行限定，最大可能地减少二者关联关系，确保监事行使职权时的相对独立性。然而，在大学基金会治理过程中，基金会监事大多是大学审计、纪检部门领导，虽不是理事、理事的近亲属，也不是基金会财会人员，但与理事、理事会有着直接的上下级或平行业务关系，《基金会管理条例》意在勾勒的基金会监事独立地位在大学基金会未能得以体现。这是大学基金会治理过程中又一不符合《基金会管理条例》之处。

第四，《基金会管理条例》规定，监事和未在基金会担任专职工作的理事不得从基金会获取报酬，在基金会领取报酬的理事不得超过理事总人数的1/3。当前，国内大学基金会理事直接从基金会领取报酬的较少，甚至一个都没有。然而，由于这些理事大部分来自大学管理团队，其工资往往由大学方面发放。表面看来，大部分理事没有从基金会领取报酬，降低了基金会运营成本，能使更多的教育捐赠用在刀刃上。然而，事实上这一情况隐含了以下两个问题：其一，大学作为重要的关联方，是基金会的运营管理者与间接受益者。大学把教育捐赠放进左口袋注入学校教学科研与学生培养，财政资金则进入右口袋支持大学教职工工资等日常支出。大部分理事从大学获取工资报酬有可能造成这样的局面：由于两种来源的资金没有明确划分，财政资金代替了基金会自身支出，那么教育捐赠部分就可能会用于本应使用财政资金的领域；其二，这种情况造成大学基金会不能真实反映自身财务状况，公益事业支出、工作人员工资福利和行政办公支出均可能产生不符之处，长期来看不利于大学基金会的规范管理。

第五，捐赠资金统计口径不同造成财务信息不准问题。《基金会管理条例》明确规定，基金会应当执行国家统一的会计制度，依法进行会计核算、建立健全内部会计监督制度。条例还对基金会财务信息进行了一些限制性规定，例如，非公募基金会每年用于从事章程规定的公益事业支出，不得低于上一年基金余额的8%等。事实上，由于自身能力建设的不足以及社会慈善氛围的缺乏，大学基金会在运营过程中处于较为尴尬的处境。以A大学基金会为例，除了特大金额的教育捐赠由校领导出面协调之外，针对大学的社会捐赠大多事先由院系一级直接与潜在捐赠方沟通，项目谈妥后签署捐赠方、院系、基金会三方见证的捐赠协议书，其后捐赠方将捐赠资金汇至基金会账户完成捐赠过程。在捐赠资金使用过程中，先由院系向基金会提出资金使用申请，基金会同意后将所需款项转至学校财务处院系对应账户中。事实上，大学基金会在此过程中担负着捐赠资金接收、转移平台的作用。平台作用背后掩盖了捐赠资金使用信息统计的偏差，基金会转出至院系的捐赠款项，尽管不一定全部使用，事实上都已在基金会方面体现为捐赠支出，捐赠款项统计方面存在着不能真实反映捐赠资金流向的问题。

同时，《基金会管理条例》规定，基金会开展公益资助项目应当向社会公布所开展的公益资助项目种类以及申请、评审程序，基金会有权对资助使用情况进行监督。受助人未按协议约定使用资助或者有其他违反协议情形的，基金会有权解除资助协议。事实上，在三方捐赠模式下，基金会较少对院系及其下属研究机构施以必要的监督，对其使用方式、使用效果等合法合规性内容审查不足，必要的会计审查也是在大学财务部门层面实现的。

以上治理问题是在大学基金会治理过程中，由于机制原因导致的组织行为偏离制度要求、组织使命的现象。由组织机构与决策机制不健全导致的治理缺陷使基金会难以真正履行组织使命，与《基金会管理条例》、章程规定的宗旨产生一定的偏离，这不能不说是大学基金会组织治理的瑕疵，是组织治理有待改进的方面。大学基金会治理问题最明显的特征在于作为发起人、间接受益人的大学成为基金会实际控制人。大学基金会作为特殊的非营利组织，产权特征的特殊性使治理体系更加复杂。大学基金会是由大学发起成立的，成立后单向服务于所在大学的基金组织，大学成了基金会的间接受益人，基金会项目涵盖的师生员工成为直接受益人。这种紧密关系决定了大学有着管理、控制其基金会的动机。这使本已十分复杂的非营利组织"三权分离"产权结构特征更为复杂，呈现出剩余控制权、剩余索取权（受益权）与控制权形式上"三权分离"，实质上"三权合一"的特征，大学基金会公益产权被更多地赋予大学特征。大学基金会在实际运作过程中，基金会治理已经被大学管理取代，基金会管理模块内置于大学管理之中，是大学管理体系在其基金会领域的延伸。这种管理模式虽然与大学基金会治理自治性相悖，但大学通过各种制度性措施直接或间接地控制了大学基金会，作为发起人、受益人的大学成了基金会实际控制人，大学基金会治理问题由此产生。

二、大学基金会治理若干风险

大学基金会治理问题是在大学、大学基金会发展的特定阶段产生的，是经济社会快速发展、深刻变革在社会组织领域、教育领域的反映。可以将这种治理问题理解为大学基金会发展初级阶段的特有现象，有其存在的客观必然性。然而，这种管理模式给大学基金会制度建设带来了不可小视的负面影响，存在诸多风险：

首先，治理问题导致大学基金会存在公益使命偏离的风险。将大学基金会置于大学“一亩三分地”之中进行行政化管理，容易导致对基金会公益价值的漠视，引发为了筹款而筹款的怪象。大学基金会成为筹款机的同时，不能发挥公益放大器的作用，很难从提升整体社会教育品质、改善教育质量的角度去更加宏观地思考基金会职能发挥的问题。特别是就大学基金会内部管理而言，大学的无序控制使非营利组织、基金会规律很难体现在大学基金会当中，由过度控制引发的治理规则错位致使基金会发展运作限定在制度窠臼内，无法发挥出大学基金会应有的制度优势。这一管理模式长远来看不利于大学基金会公益使命的有效履行，容易产生公益使命偏离的风险。

其次，容易使大学基金会产生管理依赖的风险。在当前大学基金会治理问题的背后，是大学对其基金会的过度行政干预现象，这种潜移默化的干预手段客观上影响了基金会自治能力的提升。从大学基金会角度来看，正在借助大学管理资源实现基金会发展，然而，目前这种依附式管理格局产生了基金会搭便车现象。在决策权等重要管理权转移至大学管理层的同时，基金会自身管理能力很难得到实质性提升，资源依赖程度越来越高，捐赠资金、人力资源、公共关系等各方面管理都依托大学平台进行，自身能力难以提升，产生管理依赖的风险。

最后，这种治理模式容易导致外部监督缺失造成的道德风险。大学对其基金会的全方位控制使大学基金会治理环境产生异化，本应开放的基金会治理环境，由于大学管理层的行政干预，在基金会外围形成了一道管理屏障。这一屏障在吸引外界捐赠资源时发挥着积极作用，然而在外界意图了解基金会信息、掌握其运行动态时，它又会成为黑箱起到阻拦作用，使大学基金会长期处于类似托管状态下的封闭式管理中，不利于与外界进行全方位的资源交换，不利于实现有效的外部监督。这种外部监督的缺失引发了大学基金会道德风险，对持续吸引外来教育捐赠产生负面作用。

上述治理问题与治理风险的介绍，部分展示了大学基金会治理过程中凸显的尴尬局面。问题的解决首先要对产生治理困境的原因进行梳理，特别是对其发生发展的过程进行全面理解，尝试挖掘出背后存在的制度性障碍。正如康晓光在分析第三部门环境因素过程中提到的，第三部门不是一个自足的体系，其受到所面临的政治、经济、社会、文化等环境因素的广泛影响，反过来，它也在影响着环境因素。第三部门不是悬浮在“真空”之中，而是深植于“母体”之中，并与其母体存在紧密的互动。[1]的确，任何事物都会受到环境或多或少的影响，处于发

---

〔1〕 康晓光等：《依附式发展的第三部门》，社会科学文献出版社 2011 年版。

展初级阶段的大学基金会更是如此。大学、社会、捐赠者等外部环境因子对基金会组织结构、运行特征以及治理问题均有着深刻影响，其中又以来自大学方面的影响最为突出，这种影响比其他基金会深受发起单位控制的程度还要深刻。因此，根据大学基金会发展现状开展针对性的环境分析，对深入了解大学基金会特质及运行规律有着十分重要的意义。本章将对大学基金会的重要母体——大学对其基金会的作用进行深入分析，力图清晰地解释基金会对所在大学的依赖关系。

第二节　治理问题的解释

大学基金会是由大学发起的，在高等教育办学资金多元化背景下应运而生的筹款平台，是以服务大学为目的的基金会组织。它的初衷是拓宽慈善捐赠来源，并对存量资金进行增值管理。大学基金会虽是基金会的一种，然而它的宗旨是为大学发展筹集更多的资金和物质支持，这就决定了其资金流向主要用于所设立院校的教育、科研、物资设备以及校园建设等内容。[1]这种情况决定了大学基金会单向服务于所在大学，组织的工具性特征明显。单向公益性特征也使大学对其基金会具有先天的、与生俱来的深刻影响，从人事、财务等显性资源保障到行事规则，大学无不对其基金会进行着资源输出，以期获得更多的教育捐赠。事实上，国内大学大多将其基金会看成内设

---

〔1〕 李晓新等："规范化与专业化：大学基金会资金管理的法律问题研究"，载《复旦学报（社会科学版）》2008 年第 6 期。

管理部门，未能体现出大学基金会治理过程中的自主性，专业化程度有待提升。大学基金会正是在这种情况下形成结构、发挥功能的。因此，要真正理解大学基金会治理现状，必须理解其母体——大学的影响，在此基础上理解基金会与大学之间的互动关系。

康晓光等人在对第三部门进行环境分析过程中，将外界影响因素分解为因子、因子集合、因子作用机制、因子作用效果等模块，其中最重要的环境因子包括政府、企业、公众、媒体、文化、海外力量等；因子集合包括环境因子为第三部门提供的各种资源、为第三部门行动提供的行动空间以及行动规则等。其中，环境因子为第三部门投入的资源包括人员、资金、物质、专业知识、关系网络等。环境因子为第三部门提供的行动空间是指允许第三部门组织开展活动的领域；环境因子为第三部门生存和发展所制定的规则性支持体系，包括政府提供的法律框架、政府管理策略和行为、文化传统等；因子作用机制包括研究系统和环境如何发生作用，它们通过什么渠道和方式发挥相互作用等；因子作用效果主要指在环境因子综合影响下，中国第三部门所呈现出的状态及其性质。[1]通过上述模块分析，康晓光等人将第三部门生存、发展过程中与外界进行的环境资源交换清晰地表述出来。本章将借鉴这种环境分析方法来分析大学对其基金会的深刻影响（图 5－1），从因子集合，也就是

〔1〕 康晓光、冯利主编：《2011 年中国第三部门观察报告》，社会科学出版社 2011 年版，第 5 页。

环境因子为大学基金会提供各种资源、因子作用机制以及因子作用效果角度对大学作用于基金会的深刻影响进行归纳，并以此框架为基础，厘清外界环境对大学基金会的重要影响，同时分析这些影响又是通过什么机制得以实现的，产生了哪些效果。力求构建一种大学基金会与外部环境良性互动的模型，为大学基金会可持续发展提供制度保障。

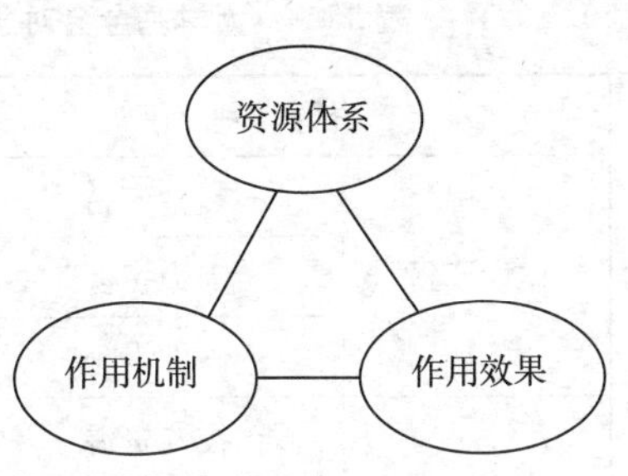

图5－1　大学基金会环境互动模型

一、资源支持体系

大学对其基金会的影响与支持是全方位、全过程的，体现在人力资源、财务等方面，以及筹资、项目运行、投资等诸多环节，基本上涵盖了大学基金会组织发展所需的所有资源。正是这种全方位的影响，干预了大学基金会自身的组织自主性，是基金会独立性缺失的根源。这些资源当中，有些（如人事、财务）资源可以归为显性管理资源，大学内部形成并传承的校友资源、捐赠资源、声誉资源可归为非显性资源。因此，简单来说，大学对其基金会的资源支持体系是通过这两条主线实现的，主线之间相互补充、相互促进。显性管理资源是大学基金会发展的基础，校友资源、声誉资源等非显性资源是大学、大学基金会的灵魂，是捐赠文化的内核，没有非显性资源显性资源就要成倍增加。因此，两种资源对大学基金会的支持缺一不可。大学基金会对所在大学的资源依赖关系如表5－1所示。

表5－1 大学基金会对所在大学的资源依赖关系表

资源类别		具体内容
显性资源	资金支持	预算经费
	人力资源	工作人员隶属
	硬件设施	办公用房、仪器设备等
隐性资源	校友资源	潜在捐赠资源
	回馈资源	捐赠回馈机制
	声誉资源	大学社会资本
	其他资源	大学支持等

（一）显性资源支持

资金是大学基金会最核心的资源，是其必要的生存基础。大学基金会对资金的高度依赖不仅体现在捐赠资金获得上，常规运行经费的日常需求也加剧了对大学的资源依赖。资金的依赖程度直接影响了基金会组织结构与运行体系，造成大学基金会内部决策、重大事项被所在大学主导。

大学基金会资金需求包括两部分：一部分是发起成立时的注册资金，另一部分是日常运作经费。基金会注册资金的来源大多是发起者直接提供的。大学基金会的发起者大多是基金会所依托的大学，利用原有社会捐赠资金或自身经费成立大学基金会。大学对基金会的资金支持始自原始资金的注入，根据我国有关规定和高校教育基金会现有做法，一定规模的原始基金是成立大学基金会的前提条件，这些原始资金或是来源于学校自身可支配资金，或是来源于校友、企业对大学的捐赠。不管来源如何，均体现为大学对其基金会原始资金的注入，发起资金成了联结大学及其基金会关系的最初纽带。A 大学基金会的原始基金数额为人民币 200 万元，来源于原来 A 大学管理的社会捐赠。

除了发起资金以外，大学基金会在筹资募款、宣传推介等常规管理过程中离不开日常运作经费，其来源主要有三种形式：一是大学作为发起者继续提供资金；二是基金会自筹资金以及自有资金的运作增值；三是以上二者相结合。目前，除了少数几家相对独立运作的大学基金会之外，大学一直以来将基金会等同为大学内设部门，每年做部门预算时也会将其纳入预算单位之一，其基金会日常运作经费或多或少地通过年度预算拨款的形式从所在大学获得补充，由大学拨款承担其运转经费。事实上，这一做法给予了基金会一定的财务支持，这种财务支持又提高了两者既有的关联程度，加深了基金会对所在大学的依赖程度。此外，由于基金会工作人员中一部分人拥有事业编制，相应的这部分人的工资、资金、保险、公积金等也是由大学承担，不在基金会财务中体现，减轻了基金会的财务压力。

正因为大学基金会在财务方面得到了大学的极大支持，基金会年度财务报告中体现的行政办公费用往往小于实际发生数额，未能真正体现基金会真实的财务支出状况和运行成本。社会公众看不到人力和行政成本的真实信息，形成了财务信息失真。

人力资源也是大学对其基金会影响的重要方面，这种影响在不同的层面上得以体现：①理事长及理事层面，基金会理事长大多是所在大学的党委书记或副职校领导。例如，北京师范大学曹夕多在我国高校基金会发展现状研究中根据问卷调查结果发现，60%的高校基金会理事长由学校现任或原任党委书记担任，书记挂帅是高校基金会采用的普遍模式，理事成员当中相当部分来自大学管理层。②秘书处层面，秘书处正副秘书长大多是校内处级行政单位的负责人，直接源于大学的派遣和任命，或者由大学提名进而形式上得到理事会批准。③在普通工作人员层面，骨干力量大多来自校方投入的管理干部，尤其是富有财务管理经验的财会人员，包括一些过去从事财务等相关工作的返聘人员。这部分人员大多具有高校事业编制，由于编制的紧张，不能为基金会配备过多的专职工作人员，决定了该类人员不能成为今后大学基金会的主体。由此，大学对其基金会形成了一个完整的人力资源影响体系，从理事长到理事，从秘书长到一般工作人员，都与大学密不可分，有着深厚的渊源。大学对其基金会的影响，正是通过这种人事安排，将大学的理念、管理思路移植到大学基金会当中，并通过它实现对基金会的监督和指导。大学对其基金会在人力资源方面的影响，不仅仅体现在基金会理事会、日常管理层面，在举办重大活动过程中，大学会进行相应的人力配合，特别是在活动协调、仪式策划、个性化招待等方面，会整合人力办好重大活动。

此外，诸如大学为基金会提供的办公用房、仪器设备等物质保障，这些资源也有力地支持了大学基金会的日常工作。A大学基金会成立以来一直与其他机关部处一起在机关行政楼办公，2013年由于学校办公用房调整，学校领导将基金会安排到单独的校友楼办公，获得了相对独立的办公空间。

（二）隐性资源支持

隐性资源支持是相对于显性资源来说的，是大学对其基金会除了资金、人员支持以外的资源支持。隐性资源虽然不及资金等资源直接、显性，但它对大学基金会运行发挥着重要的潜在作用。隐性资源包括校友资源、捐赠回馈资源、声誉资源以及其他对基金会发展具有重要意义的资源。

首先，校友资源是最值得大学、基金会管理者珍惜的稀缺资源。在政府不断削减对大学直接财政拨款的大背景下，大学不可避免地走上自主筹措办学经费道路，在外界诸多资源当中，校友募捐是高校自筹资金中一条重要且可挖掘潜力巨大的渠道。校友是大学对社会产出的产品，也是大学最宝贵的财富，是大学发展建设的坚定支持者，建设大学基金会更是少不了广大校友的多方支持。一流的大学基金会离不开一流的大学校友资源，世界一流大学都很重视校友资源维系工作，视校友群体为大学的宝贵财富、捐赠源泉。各界校友特别是从事经济、金融、科技、产业、贸易等方面工作的校友，具有雄厚经济实力，对这些校友资源的合理公关与开发，可以拓宽大学基金会办学经费渠道，增加资金来源，为学校事业发展提供坚实的资金保障。

鉴于校友在大学发展、捐资当中的重要作用，各大学日益重视校友工作，相继组建专门的校友工作机构开发、维系校友资源。然而，广义的校友工作不能仅靠校友工作机构承担，应构建校、院二级的校友工作体系，注重协同配合，共同挖掘校友资源，关注潜在捐赠群体。需要注意的是，校友资源与捐赠资源并不能完全等同，前者侧重于感情维系，后者侧重于捐赠回馈，两者出发点不同，内在规律不同，单纯按照筹资思路去进行校友关系维系，可能会使校友感觉变味。事实上，国内很多高校将校友机构与基金会合并管理，两块牌子一套人马，反而没有达到预期效果。

其次，从互利视角看大学掌握的回馈资源。教育捐赠行为具有特殊性，捐赠者与大学之间的关系微妙，虽不像市场交易那样市侩、具有较强的功利性，但也不能忽视捐赠回报需求的存在。这种回报需求一部分体现在精神层面上，可以说是一种“精神得利”，而不是物质上的相互往来。美国奥勒冈大学经济学系教授哈保乎把慈善捐献可能给捐献者带来的利益分为内心得益和声誉得益两个部分。捐资人一定要能够从捐献中得到他预期的声誉享受，才肯做出相应的捐献。[1]在我国经济社会快速发展的今天，教育事业捐赠的动机各式各样，捐赠者复杂的动机背后有着深刻的利益需求。因此，在研究大学基金会过程中，剖析捐赠者对基金会的诸多影响以及背后蕴含的复杂捐赠动机就显得尤为重要。然而，仅仅研究动机是不够的，还要在此基础上尽可能满足捐赠者需求。这种局面仅凭大学基金会资源是难以实现的，双赢格局离不开所在大学的资源支持。

大学基金会捐赠实践中，根据捐赠者需求类别与大学掌握的资源多寡，对捐赠者的回馈机制也多种多样。有的赋予捐赠者以冠名权，常见的以各种奖励基金及教学楼、校内景点、道路命名。有的给予捐赠者在业务工作中一定优先权，包括优惠获得大学提供的各种人才或智力支持，或者推荐职工子女优先进入大学就学等。A大学在其基金会成立之初，就制订了相应的捐赠回馈办法，依据捐赠金额的不同授予捐赠者常务理事、

---

〔1〕 朱小梅：“教育捐赠行为的伦理探析”，载《教育发展研究》2003年第12期。

理事等头衔，并在大学及其附中招生过程中在政策范围内酌情进行照顾，这种做法也是国外大学基金会的常用规则。总之，大学基金会的设立和发展壮大离不开捐赠者的热心扶持。因此，大学应充分利用自身掌握的各种有形或无形的回馈资源，全方位吸纳以校友为主的社会各界人士关心、关注学校事业，尽最大可能满足捐赠者的潜在需求，既使捐赠者充分体会到捐资助学的光彩，又能享有相应的福利与待遇。

再次，大学社会资本对社会捐赠的获得有着至关重要的作用。伴随着社会资本概念的快速传播，这一概念也在大学管理中有所体现。大学社会资本是大学组织通过长期交往、互惠合作、良性互动构建的一系列网络关系。其实质是通过社会网络的构建来摄取资源、加强协同、自我增强以及促进发展的能力。[1]随着大学服务社会能力的不断提升，大学深度融入社会当中，与社会的联系越来越密切。一味沉浸在象牙塔中的大学不仅不能实现对社会的人文关怀，自身发展也会受到多重掣肘。这种融入是与大学自治相辅相成的，大学自治意指大学应不依附于政府或其他的组织机构，具备独立运行的模式，但这并不代表与社会现实脱离，游离于社会之外。大学的社会关系资本，对大学发展意义重大，主要包括：帮助大学建设获取更多的办学资金、为大学建设获取和传播更多的信息提供方便、确保大学合作研究职能的发挥等。[2]因此，在大学外部利益关系日益多元化的今天，增创大学的社会资本成为大学管理者不得不面

---

〔1〕 刘龙海、戴吉亮："大学社会资本性状、功能及其积聚途径研究"，载《中国成人教育》2009年第4期。

〔2〕 胡钦晓："高校社会资本论"，载《高等教育研究》2005年第9期。

对的重要工作。大学社会资本在本质上是一种关系资源，是大学与其他社会组织能够有所区别的重要内容，也是大学争取捐赠的主要依托。盘活校友社会资本是大学寻求核心竞争力的关键环节之一，有助于推动大学各项事业的可持续发展。良好的大学外部关系，会使大学与政府部门、企事业组织以及包括校友在内的个体行动者保持良好关系，增益其社会资本，为获得社会捐赠打下良好的基础。

大学社会资本正是以这种潜移默化的方式影响着捐赠基金管理各环节。大学社会资本丰富，则基金会工作事半功倍，开展捐赠募集就会十分顺畅；否则会困难重重。因此，大学基金会在制订募款计划时，应综合考虑大学的社会资本情况，做到量力而行，不可盲目制订不切实际、脱离社会资本现状的计划。在中外大学教育捐赠实践中存在一种“马太效应”：越是规模大、影响大的名牌大学，得到的教育捐赠越多，捐赠数额与学校发展水平大体相当，学校排名与获得教育捐赠排名高度重合；排名较后的大学想实现弯道超车，实现捐赠资金的跨越式增长较为困难。表面上看，这与大学的师资规模、办学质量高度相关，实则是大学社会资本的体现，社会资本又与办学历史、校友总体规模相关联。教育捐赠越多，越能体现出社会各界校友对大学的认可与信任。因此，大学社会资本建设是一个长期的历史积淀过程，不可一蹴而就，需要用心开发与维系，通过完善学校董事会结构、加强大学服务社会功能、强化与校友沟通等环节，逐步积累大学的社会资本。

最后，配比资金的争取离不开大学的支持。随着我国高等教育体制的改革和完善，教育预算管理机制逐渐精细化、科学化，政府对大学的经费管理日益严格，尤其是在科研经费领域，监督管理机制更加规范，政府对大学的预算内拨款难以满足日益多样化的大学财务需求。社会捐赠作为传统财政渠道的补充，近年来得到了长足发展，捐赠规模逐年增加，优化了大学资源来源结构。同时，教育行政管理部门通过捐赠配比方式对高校开展的捐赠活动进行财政激励，使大学意识到筹资平台的重要作用，促使其尽早搭建、逐步完善基金会管理框架。这种配比机制形成一个无形的指挥棒，可以在大学基金会发展初期发挥积极的引导作用。相应地，配比机制使捐赠资金规模成倍放大，大大提高了社会捐赠者的捐赠意愿，极大地优化了教育募捐环境，推动了教育捐赠事业发展。同时，通过配比机制中蕴含的申请、评选、验收等环节，政府得以向大学基金会输出规范的运行标准，使其机构设置、募款机制及项目使用环节逐步健全，治理体系日趋完善，事实上起到了监管规范的效果。

因此，在大学基金会发展初期，政府通过财政配比机制对其进行激励，可以从上述三个方面对基金会发展起到推动作用。虽然从目前来看，财政支付了一定的配比资金，但长远来看，伴随着大学基金会的发展壮大，大学的筹资渠道日益多元，对政府财政资金的依赖度也将降低，这种变化无疑会减轻政府整体的财政负担，使政府将有限的教育经费投放到更需要扶持的义务教育阶段，提高教育资金使用效用。教育行政主管部门通过正反两方面的财政导向作用，对大学兴办教育基金会、规范教育基金会发出了明确的支持信号。目前，教育部直属高校大多已经建立各自的教育基金会，在实践中不断完善与教育捐赠相关的各项机制。在部属高校的先行先试下，省属高校也已经认识到教育基金会建设的重要作用，相继成立了自己的基金会机构。然而，在目前的大学基金会管理体制下，仅凭基金会自身能力很难统筹资源争取捐赠资金的财政配比，只能借助于大学力量，必要时还要请相关校领导出面。在主要领导对基金会关注程度高的学校，这种关注可以转化为若干人力物力资源，争取到更多部门的配合，由其协调学校办公室、财务处等各方力量，与外界打交道也更加顺畅，形成合力获取配比资金，这些都直接影响着基金会获取配比资金的多寡，影响着大学基金会的可持续发展。因此，这种关系又加剧了基金会对大学的依附。

二、作用机制

如上所述，大学基金会自成立伊始就对所在大学形成了多方位依赖关系。从成立时的发起资金到日常经费，从校友资源到大学声誉支持，无不需要大学的鼎力相助。可以说，在当前大学基金会自主筹资体系尚未构建的情况下，离开大学支持的基金会寸步难行。相应地，这种关系对大学基金会自主性产生了重要影响，具体来说，这种影响是通过教育管理行政化方式进行的。大学行政化概念是与传统教育管理体制相伴而来的，是指大学组织内外部行政权力与行政逻辑在大学运作、决策与管理各环节中发挥着全面的主导作用，这种主导作用在外部突出表现为大学外部政府部门对大学办学自主权的剥夺与干预，在内部表现为大学本身行政权力对学术权力的凌驾与挤压。[1]

---

〔1〕 卢荻秋："'民选校长'是大学去行政化的突破口"，载《中国青年报》2010 年 3 月 16 日。

教育行政主管部门对大学的行政干预已在前文做过论述，本节主要对大学自身行政化及其对大学基金会的影响进行分析。

大学管理实践中，大学内部借鉴行政管理机制，用明确的行政级别构建了一套层级分明、权威统一的内部行政管理体系，强调行政权力的支配地位。大学管理中事无巨细，均应遵循行政逻辑，形成一种上下级组织之间的命令—服从关系。这种行政管理模式通过等级秩序的构建，部分解决了大学的管理难题，在一定程度上提升了大学治理效率。然而，大学在行政化习气、行政化方式的长期影响下，内部逐渐形成了一种等级鲜明、权力至上的行政文化。大学里的这种官僚化行政现象日益违背了高等教育制度设计的初衷，唯行政是从，唯权力至上，大有以官僚制取代学术自由之势，为人们所诟病。这种大学行政化趋势也随着资源传导与惯性思维逐步蔓延到大学对基金会的管理上，相应的也体现在基金会本身的行政管理实践中。本节将着重从行政思维与行政规则两个方面论述大学行政化对基金会的深刻影响。

首先，资源依赖的惯性使大学行政思维传导至大学基金会。大学行政化在我国大学管理中产生了深远的影响，这种影响不仅体现在大学内部行政管理的体制与方式上，更多地固化为大学行政者的思维模式，直接体现为“官本位”思想。当然，这种“官本位”思想也是社会当中存在的同类问题在大学中的反映。大学中的“官本位”思想，是指大学的社会价值观是以职位来定位的，职位高低决定了社会价值大小。“唯上是从”是这种思维模式的基本制度安排与价值取向。在这种行政思维模式下，大学行政官员做事意识不如做官意识强烈，做事服从、服务于做官，某种程度上讲做事是为了做官，对大学责任感、使命感不强，服务学校事业发展、服务广大师生意识不足，更多的是一种个人事业的选择导向。此外，这种固化的行政思维还决定了大学管理过程中民主制度和保障机制先天不足，难以使师生参与到对大学管理实行民主监督的过程中。

大学与政府部门间存在的行政关系突出表现在，大学不论在形式和实质上都是政府的一级隶属机构，大学往往是在执行政府的行政指令。〔1〕与之类似，大学与其基金会的行政关系，也表现为基金会属于大学的隶属机构。在捐赠管理中，大多执行大学的行政指令，是政府对大学行政化干预规则的翻版。伴随着诸多行政化规则对大学基金会的影响，基金会形成了一种资源依赖的惯性思维，没有行政化的指令，大学基金会难以自主开展工作。由于大学基金会核心管理层多为大学方面派驻，相应的行政思维模式也随着管理团队传导至大学基金会，是行政化思维在基金会的延伸，形成“基金会行政化”的管理格局。这种格局在基金会管理中体现为体制官僚化，等级概念强，灵活性弱，服务意识不足。不仅如此，这种行政思维还起到联系纽带的作用，使大学与其基金会的关系更加紧密，加剧了业已存在的大学基金会对大学的依附。因此，大学基金会行政思维的祛除需要两条路径上的同步优化，一方面应通过大学基金会自身的自主化进程，形成一套适应基金会运作特点的运作规律与理念，尝试构建基金会文化体系替代行政思维。同时，积极

〔1〕 孙和义：“克服行政化倾向　推进现代大学制度建设”，载《中国高等教育》2012 年第 1 期。

探索基金会人力资源的自主化，减少大学直接派驻到其基金会的管理人员规模，形成相对独立的管理层形成机制，通过此举降低大学基金会行政化思维程度，将基金会对大学的人事依附程度控制在适当水平；另一方面，大学实现去行政化过程也会影响大学基金会，通过大学自治进程的不断推进，大学更多的是按照章程而不是政府指令行事，大学行政化程度将会有所改善，伴随着这一过程，大学对其基金会的行政化影响也日益回归到正常水平。大学基金会自主化路径需依托大学去行政化路径，后者又为前者提供相应的独立空间，二者相辅相成，缺一不可。

其次，在行政思维蔓延至大学基金会的情况下，大学行政规则也不可避免地在基金会当中有所体现。大学行政化主要有管理人员官僚化、组织科层化、管理制度同质化三种表现形式。[1]这些具体的行政化表现形式并不是空洞的概念，而是有一整套潜在的行政规则贯穿在大学行政事务当中，这同时也是行政化思维在大学治理实践中的必然反映。大学管理过程中的行政化规则直接或间接、或明或暗地复制到大学基金会管理事务中来，大学行政化管理深刻影响着大学基金会的行政化程度，为基金会组织治理健康发展埋下隐患。管理人员官僚化突出表现为上下级之间仅靠等级关系维系，缺乏有效互动，沟通与交流不足。尤其在决策过程中缺少类似“Workshop”、头脑风暴式的决策场景，领导意见成了最后拍板定型的终极选择，对于体

〔1〕张文江：“大学治理的回归与超越——兼论大学行政化的‘去’与‘取’”，载《高教探索》2012年第4期。

制内的工作人员来说，服务领导意志成了他们的唯一选择。这种官僚化行政规则又通过工作人员等级化得到强化，组织当中每个人都有等级标签，相关福利待遇均以等级为标准进行区分，级别的升迁意味着一系列资源的增长，这些制度安排从一定程度上强化了组织唯上是从的官僚属性。相应的，应该由专业人士占主流的专家治会模式变异为行政化治会模式。由此，中国大学特有的行政化、官僚化、等级化行事规则沿着大学对其基金会的控制脉络，全盘灌输到基金会当中，替代了本应主流的专业化治理方式。这种行政化规则使大学基金会不是按照基金会的规律进行组织治理，而是按照大学业已存在的行政化规则行事。

此外，行政化规则的影响还体现在基金会同质化方面，大学行政化的同质属性也使大学基金会千篇一律缺少特色。由于大学管理制度、管理机构的高度同质化，使大学基金会也难出其窠臼，基本上套用同一机构框架，较少体现学校、学科特点，缺乏针对性。当前基金会机构设置的原则就是要与大学对口，而不是与市场对口、与潜在捐赠方无缝衔接，这也是大学组织科层化在基金会当中的体现，行政化影响之下的潜在规则影响了大学基金会竞争力。

三、作用效果

在大学基金会对其所在大学产生深度资源依赖的情况下，大学凭借着行政化思维与行政化规则两种手段，通过行政力量对大学基金会进行着诸多方面的深度控制，使基金会脱离社会化运作的既定轨道，基金会自主运作受到重要影响。员工本身的定位模糊，无法脱离行政化控制获得自主运作空间，缺少实现专业化、社会化的外在环境。这种由资源依赖导致的行政化干预，直接产生了大学基金会依附式发展的作用效果。

(一) 大学基金会的依附式发展

大学通过显性资源、社会资本等资源支持体系，在行政化机制框架内充分发挥着母体的作用，对其大学基金会进行多重资源输出。这使大学基金会对所依托大学呈现出依附式发展状态。这种依附式发展模式是当今中国大学基金会发展的鲜明特征，也是其不能跨越的必然发展阶段。建设符合中国国情的大学教育基金会，首先要在其依附性与独立性之间寻找最佳结合点，实现具有独立特征的依附式发展。

事实上，大学基金会依附性较强的特点也是源于整个中国第三部门的尴尬现状，是第三部门自主性不强在教育领域、大学校园的直接反映。我国第三部门随着社会领域改革的日益深化，近年来得到了迅速发展，在我国社会发展中发挥着越来越重要的作用。然而，我国第三部门在发展过程中面临着双重管理模式、资源匮乏等诸多困境，集中表现为缺乏独立性和自主活动能力，制约着组织的健康发展。在中国，绝大多数第三部门的资源非常单一，而组织资源都掌控在第三部门组织所面临的环境因子手中，这就造成绝大多数组织高度依赖于在资源提供上占据主导地位的环境因子，并且更容易受到这一环境因子的控制。这是第三部门组织在整体上缺乏独立性和自主性的主要原因。[1]资深公益人窦瑞刚认为，依附性是中国第三部门的

〔1〕 康晓光等：《依附式发展的第三部门》，社会科学文献出版社2011年版，第6页。

天然特性，会长期存在。在这种体制下强调独立性，显然是纸上谈兵。[1]正因为如此，中国第三部门成熟度不足，其发展受政府、企业、海外势力等外部力量左右。事实上，大学也是如此，长期以来，尽管大学是学术组织，但我国大学并非独立的学术组织，而是政府的附属单位。[2]这种定位使得大学对其基金会也采取类似的管理手段，干预代替了指导，管理升级为控制，大学对其基金会较高的干预程度以及主导其资源的单一化程度，决定了大学基金会高度依赖于所在大学，呈现极强的依附性。然而，这种依附性具有与其他第三部门不同的诸多特点，更多地体现出教育行业的特点以及大学基金的特殊性。

首先，与其他大多数非营利组织不同，大学基金会对所在大学呈现出单一依附的特点。其他非营利组织一方面依附于发起部门或政府组织，另一方面因为财务等资源问题，往往依附于多个企业、海外非营利组织等机构，依附主体点多面广，这种多元依附使可选择机会较多。而大学基金会可依附主体只有大学一家，对捐赠方的依附也是通过大学间接实现的。

其次，大学基金会对大学依附呈现多重依附的特征。其他非营利组织在多元依附的同时，根据依附对象能提供的资源情况进行选择性依附，例如，对政府需要制度性依附，对企业则要资源依附。大学基金会对大学的依附则有所不同，呈现出全

〔1〕 王秀强："中国人民大学报告：第三部门缺乏独立性"，来源：21世纪经济报道，http://www.21cbh.com/HTML/2011-3-2/yMMDAwMDIyMzMyMQ.html，2011年3月1日。

〔2〕 别敦荣："我国高等教育行政权力及其结构改革"，载《清华大学教育研究》1998年第2期。

方位依附的特点，从人事、财务到办公场所，从开办环节到捐赠筹集环节，特别是最核心的校友资源，无不需要大学的鼎力相助，离开大学的支持可谓寸步难行。

再次，基金会对大学的依附具有互益的特点。一般的非营利组织对其他机构的依附多是纯粹的资源获取，很少反哺给被依附组织。大学基金会则不同，其与生俱来的组织使命就是服务于大学事业发展，改善学校财务状况。正因为如此，大学对其基金会的控制才更加彻底。

最后，大学基金会对所在大学具有长期依附的特征。在基金会发展的各个阶段，大学都是基金会发展的主导力量，是其社会资源最重要的提供者。基金会发展离不开大学的多重支持，这意味着大学与其基金会之间的依附性关系将伴随着基金会发展一直存在。任何提高基金会治理水平的建议，必须建立在对这种独特依附的充分认识上，离开这种依附，大学基金会就失去了生存的土壤，也背离了组织的基本使命。

（二）大学行政化对基金会影响的双重性

即使在大学里，大学基金会依附于大学的发展模式也并不是特有的，它类似于之前大学经营校办企业时校企不分的管理模式。在这种模式下，高校校办企业在人事、财务等方面都存在按事业单位模式管理的问题，校办企业的经理、董事长大多由学校方面委派或任命，拥有校、企双重身份，或隶属于学校后勤部门或划归产业管理部门。校办企业这种双重性特点产生了激励机制不明确、企业市场属性不明晰等诸多问题，在影响企业经济效益的同时，也给学校带来了风险。与校办企业管理模式类似，大学对其基金会的深度影响伴随着基金会成立与发展的全过程，大学行政权替代基金会理事会决策权，资源的过度依赖产生了基金会对大学的依附现象。这种依附状态严重阻碍了我国大学教育基金会的独立自主进程，不利于基金会事业的可持续发展。

但正如前文所说，不能否认这种依附对大学基金会事业发展初期的特有作用，这种依附状态有其特殊的背景，是我国高等教育发展现有阶段的必然表现。没有大学的资源扶持与共建，大学基金会举步维艰。建设大学基金会也离不开大学的深度参与，二者关系的核心问题并不在于基金会要不要大学的控制与干预，而在于控制与干预的程度、干预的方式以及这种影响背后的共治模式。因此，应认识到基金会对大学的依附与自身自主性建设并不矛盾，二者是相辅相成的统一体。独立的基金会是建立在大学多方面支持基础之上的，同时，大学对其基金会的控制应充分考虑到基金会的独立特性，在必要的自主性与适当依附性之间寻找最佳结合点。通过对两者功能定位认识的逐渐深化，形成一种深度合作关系、工具性互惠关系，维系两者之间的动态平衡。

第三节　治理问题的深层原因——运用制度同形理论的解释

上一节运用环境分析方法探讨了大学对其基金会的资源输出体系，这种全方位的资源输出极大地拉近了两者距离，将大学与其基金会紧密地捆绑在一起。然而，这种资源输出导致的资源依赖并不足以解释大学对其基金会的过度行政化控制。一方面，许多非营利组织（如企业慈善家）发起成立的基金会，它们并不直接从政府获取资源，却不得不接受着来自政府部门的诸多控制与干预，其中有双重管理体制的原因，也有意识形态、政府控制社会惯性等因素，这说明没有资源依赖并不必然导致行政化控制的缺失；另一方面，美国大学基金会与所依托大学也存在着千丝万缕的联系，两者可谓一体两面地进行着充分、密切的资源交流，然而大学基金会本身却充分自治，只是遵循着各自的逻辑行事，组织间保持着密切但又恰当的关系。这种情况说明，深度的资源依赖并不必然形成行政化控制与干预。因此，资源依赖观点仅是便利了行政化控制的解释，并不能全面、深刻地解释当前国内大学对其基金会的行政化控制问题，需要对这种行政化控制的原因进行更深入的挖掘。

目前，国内社会组织的权利和义务有待明确，政府部门对社会组织的监管行为尚未规范，在政府与社会组织的良性互动仍未实现的情况下，社会组织发展势必要受到以政府为主的外界力量干预，对决策的干预是其中的重要方面。康晓光等在《行政吸纳社会》一书中，分别从组织的成立环节、治理环节、资源获取环节以及活动开展环节描述了第三部门受到政府控制的情况，并考察了政府的控制手段。〔1〕大学基金会作为一种特殊的社会组织，在其发展过程中也受到了所在大学的深度控制，但在这种控制背后，体现的是教育主管部门对大学的行政化控制。大学基金会发展过程中出现的行政干预问题，实际上是这

---

〔1〕康晓光等：《行政吸纳社会——当代中国大陆国家与社会关系研究》，新加坡世界科技出版社2010年版，第40页。

种行政化控制的习惯性传导。

因此，在大学对其基金会进行行政化控制、剥夺其自主决策权的表象背后，是大学自身自主决策权被剥夺、大学自治难以落实、教育行政主管部门对大学进行行政化控制的问题。教育部部长袁贵仁认为，高等教育行政化一是表现在政府对学校管理的行政化倾向，二是表现为学校内部管理的行政化倾向。[1]具体来看，大学行政化是大学和政府之间关系的显著特征，行政化体现在教育行政管理部门将大学作为行政机构的延伸来严格控制，使大学办学自主权越来越小。[2]高校的设置及管理严格按照行政级别划分，学校领导由上级主管部门指定并直接干预高校的岗位设置。突出表现为政府部门对大学办学自主权的剥夺与干预，由此形成行政权力与行政逻辑在大学管理中全面主导的格局。[3]

我国的大学行政化问题由来已久。由于历史原因，政府办大学模式一直伴随着我国高等教育事业的发展。部属大学管理层往往由政府直接任命，其中，副部级大学的书记、校长由中央组织部直接管理，副职由教育部管理，大学的人事权、财权和学科评价权大多集中于教育行政管理部门。不仅如此，教育行政管理部门通过计划、指标、财务补贴等调控措施，潜移默化地影响大学办学与管理实践，大学内部办学层面的招生指标、

---

〔1〕“学校管理应逐步取消行政级别和行政化管理倾向”，来源：http://news.ifeng.com/mainland/201002/0228_17_1558618.shtml，2010 年 2 月 28 日。

〔2〕孙和义：“克服行政化倾向，推进现代大学制度建设”，载《中国高等教育》2012 年第 1 期。

〔3〕卢荻秋：“‘民选校长’是大学去行政化的突破口”，载《中国青年报》2010 年 3 月 16 日。

高校专业设置、高校科学研究、学生管理、财务管理等诸多事务，均须遵照教育部指令来执行，行政化特征明显。一系列的行政化措施造成大学办学自主性不足，办学主观能动性缺失，大学个性不明显，办学模式千篇一律缺乏特色，大学趋向雷同化。久而久之，政府对大学的直接管理巩固了既有的政府与大学的行政隶属关系，并以这种隶属关系为基础固化成了行政化思维方式。这种思维方式又使行政化管理手段正当化，循环往复中又加剧了行政化的结果。

依据制度同形理论的观点，置身于高等教育系统中的大学组织饱受高度行政化的制度环境影响，集权型高教行政体制从根本上塑造了政府与大学之间的支配—服从关系并使行政干预合法化。相应地，考察我国的大学行政化问题，就应置于整个“泛行政化”的社会背景下分析行政化的多重关系。高教管理政策因素深刻地制约着大学组织的结构、运作，通过大学领导与管理体制的“媒介”作用，将这种“主从型”关系复制到大学内部管理层面。[1]此外，陈金圣认为，政府在公共权威和资源掌控方面较之高校拥有绝对的优势，通过将行政化的组织形式和结构整合到学校组织中，高校获得了场域中心组织——政府部门的合法性认可及资源供给，增强了自身的生存能力与稳定性，最终导致了高校趋近于政府的制度性同形。[2]大学基金会作为大学中事实上的内部组织，也难免会受到这种管理模式的

〔1〕陈金圣、龚怡祖：“去制度化：大学行政化的新制度主义救赎”，载《高教探索》2011年第4期。

〔2〕陈金圣：“脱耦机制与信心逻辑：高校内部管理‘去行政化’的新制度主义策略”，载《当代教育科学》2011年第21期。

影响，由于对大学的资源依赖，理论上相对独立的治理地位很难得以保证，依附式发展的局面由此形成。综上所述，高等教育场域内高度行政化的制度环境的结构化、大学内外部文化生态的恶性发展和不当利益博弈的泛滥态势分别为大学行政化的“制度同形”提供了制度压力、文化诱因和利益驱动。[1]在这种影响下，大学在组织结构、机构文化、利益分配规则等方面进行“行政化”同形，对自己“所属”的基金会形成了行政控制的格局。大学管理层及其内设机构为了便利对教育主管部门的对接，设置了诸多行政化职位与部门，这些职位、部门在对上承接职能的同时，也在想方设法扩大自己的内部管理权限，这也就不难理解大学基金会承受的多元行政化控制了。因此，从根本上讲，我国大学的行政化实际上是大学组织在特定教育制度下被多种因素共同形塑的结果，其本质是大学的一种制度性同形，大学基金会的行政化管理模式是这种制度性同形的表现之一。

如图5-2所示，在教育主管部门长期的行政化干预模式下，大学管理也逐渐趋同于行政组织，实行行政化的管理模式，遵循行政逻辑与思维。这种大学内部的行政化思维催生了行政化手段，而这种行政化手段促成了大学管理层对包括大学基金会在内的诸多机构的行政化结果。这种行政化思维—手段—结果的关系模式源于教育行政部门对大学行政化管理方式，是这种套路的沿用与复制。因此，大学管理层对大学基金会的干预

〔1〕 陈金圣、龚怡祖：“去制度化：大学行政化的新制度主义救赎”，载《高教探索》2011年第4期。

表面上看是一种惯性的、部门化的管理方式，是大学对其基金会施加影响的常规手段，背后是一种大学行政化理念，进而产生了基金会行政化的结果。

图 5－2　行政化干预模式传导示意图

然而，现实中的大学基金会组织面临着不止一个制度环境。沈原、孙五三在运用“形同质异”（即制度同形理论）分析中国青基会制度环境时提出“二重制度空间”的概念，他们认为在同一时点上存在着的“二重制度空间”，使得所有正式组织的组织发展轨迹发生了偏离，是体制和市场这两个坐标，而不是只有一个体制坐标指引着它们的航程，使正式组织顺应不同制度环境的压力而发生分化或裂变，产生一个组织戴上两副不同面具的效果。[1]

康晓光在论述社团合法性时认为，中国社团必须同时争取两种合法性，官方合法性与社团合法性，得到两方面的承认与信任。[2]同样，大学基金会当前的合法秩序是多样性和多元性

---

〔1〕 沈原、孙五三：“‘制度的形同质异’与社会团体的发育——以中国青基会及其对外交往活动为例”，载中国青少年发展基金会、基金会发展研究委员会编：《处于十字路口的中国社团》，天津人民出版社 2000 年版，第 186 页。

〔2〕 康晓光：《创造希望——中国青少年发展基金会研究》，漓江出版社、广西师范大学出版社 1997 年版，第 636 页。

并存的，事实上来自教育行政部门与非营利组织的制度环境同时作用于大学基金会组织。制度冲突造成了大学基金会治理扭曲的结果。迪马乔和鲍威尔认为某一组织与其他组织在结构与实践上的相似性有三种基本形式：强制同形、模仿同形与规范同形。大学基金会的特殊之处就在于它在两种制度环境下，同时经历着不同的制度同形形式，是一种双重、多元制度同形。

在第一种双重制度同形中，强制性的行政控制是主导因素。如图 5－3 实线部分所示，教育部通过正式或非正式的压力，以及指标、拨款等措施，对大学施以重要影响，迫使大学对行政化管理模式进行制度同形；大学在对这种模式进行复制与模仿的同时，也对其基金会进行强制同形，这也是大学行政化模式传导、同形的必然结果。由此，行政强制同形模式成为贯穿于教育部、大学、大学基金会三者之间，主导着这种由上至下的管理模式。同时，如图 5－3 虚线部分所示，大学作为一种特殊的准非营利组织、大学基金会作为更为纯粹意义上的非营利组织，必须要具备非营利组织应有的各种规范和要求，以具有最

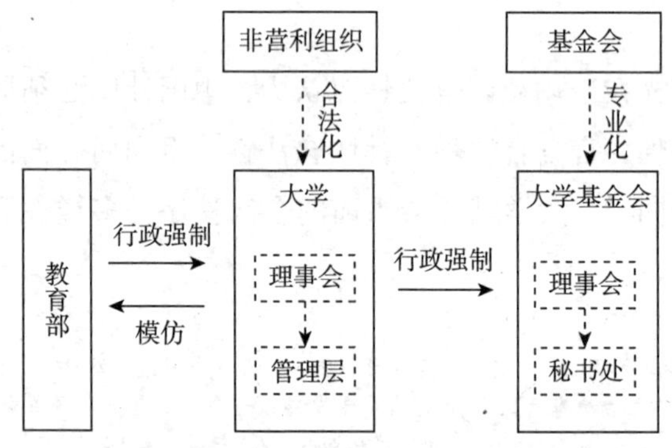

图 5－3　大学基金会双重制度同形过程示意图

起码的非营利组织群体资格，具有组织合法性。因此，在第二种制度同形过程中，专业化的逻辑主导了大学与其基金会的同形进程，大学基金会按照基金会管理条例设置了理事会、监事会等组织机构，组织运作也严格符合一系列基金会管理制度的期望与要求。

因此，大学基金会同时处于行政式强制与非营利组织治理两种完全不同的逻辑之中，然而这两种同时进行的制度同形并不是均衡地作用于大学基金会之上。由于隶属关系、资源依赖程度、管理体制的不断调适，这种双重制度同形过程经历了不同的发展阶段，由单纯的行政依附过渡到两种兼有，体现了一种进步，是大学基金会基本公益属性的回归。当前，两种逻辑相互较量，在一定程度上互相冲突但仍是以行政控制为主，大学基金会治理过程当中出现的问题，正是行政控制与基金会逻辑相互扭曲的结果，形成了双重制度同形。

第六章
优化大学基金会治理的对策

大学基金会为大学提供财务支持的单向性使两者目标一致，这成为两者深度合作的基础。然而，大学基金会表现出的强依附性、自主意识差等组织特征，导致了大学基金会对所在大学的过分依赖，本应独立且合作的关系演化成了非对称依赖关系。因此，正确处理大学与其基金会关系，构建有效的治理格局，成为解决当前大学基金会发展面临的突出问题的关键环节。两者关系的理顺，将会对大学基金会的长远发展起到极大的推动作用，会促使筹资、投资、内部管理等诸多问题在更加专业、纯粹的平台上得到解决。本章将以此为出发点，提出构建两者合作伙伴关系的理想模式，使大学基金会沿着自主治理、协同治理的路径改进升级，打造体现大学特点并富含基金会特质的组织体系，更好地实现组织的公益使命。

第一节　大学与其基金会关系的理想模型

在大学基金会诸多利益相关者当中，基金会所在大学是最关键、最直接的利益相关者。大学不仅是大学基金会的发起人，更是实际控制人、间接受益人，在人事、财务等诸多方面与大学基金会有着千丝万缕的联系。研究大学基金会治理，不应离开大学谈大学基金会。不深入剖析大学与大学基金会的关系、大学对大学基金会治理的实际影响，难以厘清大学基金会的来龙去脉与运作过程。

打造大学与基金会的伙伴关系，实现两者之间的良性互动，也是我国政府与社会组织合作机制构建、社会组织转型发展的客观要求。当前，我国正处于经济社会改革和转型时期，社会组织相关的制度体系尚未健全，人们的思想意识也存在局限，社会组织在发展中存在许多问题。在这种情况下，十八届三中全会明确提出，要改进社会治理方式，激发社会组织活力，这一表述为实现大学基金会良性发展指明了方向。大学与其基金会合作伙伴关系中的“合作”是指二者之间不是彼此冲突、相互替代的竞争关系，而是在战略层面进行相互补充、互为依赖的组织行为，最终要使基金会制度活力完全体现出来。“伙伴”是指二者之间是一种独立、平等基础上的主体关系，而并非简单依附关系。大学与其基金会合作伙伴关系的构建，符合国家层面的整体制度安排，是推动社会组织和政府等多元主体良性互动、相互促进、相得益彰的重要内容之一。

然而，在大学与其基金会之间建立新型合作伙伴关系是一个渐进的过程，需要考虑大学基金会特殊的背景与发展环境，要准确把握大学施加给基金会的实际控制，在此基础上建立共同发展的价值理念，最大限度地发挥大学、大学基金会的积极性，整合好社会领域教育、市场等诸多资源，共同为大学发展服务，增进社会教育事业。同时，这种合作伙伴关系的构建，至少在当前来讲，仍要以大学为主导，在大学影响下进行合作规划伙伴关系构建，这是理顺二者关系时不能回避的现实问题。接下来将从大学、大学基金会两个方面分析这种理想模式的构建。

一、大学的视角

当今社会，高等教育办学资金来源多元化已经成为世界性趋势，单纯依赖政府拨款不利于大学的持续性发展。一方面，资金短缺难以满足大学的发展需求；另一方面，单一资金来源不能及时地反映社会各方面对大学的要求。因此，大学要取得更好、更快的发展，在积极主动地争取政府对学校办学支持的同时，更需要主动地向社会筹措办学资金，并对资金进行科学有效的管理。[1]由大学发起的、以服务大学为目的的教育基金会正是在这样的背景下应运而生的筹款平台。它的初衷在于拓宽慈善捐赠来源，并对存量资金进行增值管理。大学基金会虽然也是教育型基金会的一种，但由于它的成立宗旨是为了支持大学教育的发展，为大学发展筹集更多的资金和物质支持，因

---

〔1〕 李洁、柯右祥："大学捐赠基金运作问题研究"，载《高等教育研究》2011 年第 7 期。

此，这就决定了其资金流向必然是以设立院校的学科发展为主的教育性投入，主要用于所设立院校的教育、科研、物资设备以及校园建设等内容。[1]相应地，办好大学基金会符合大学发展的根本利益，这种初衷决定了大学单向服务于所在大学，组织的工具性特征明显。这种单向公益性特征使大学对其基金会具有先天的、与生俱来的深刻影响，从人事、财务等显性资源保障到行事规则，大学无不对其基金会进行着全方位的资源输出，以期实现更多的教育捐赠。因此，建设管理有序、运转良好的基金会对大学本身有着重要的现实意义。

事实上，大学与其基金会的关系现状，也是强政府、弱社会在大学校园的一个缩影。正如前文所述，国内大学大多将其基金会看成内设管理部门，未能体现出大学基金会应有的独立性与自主性，专业化、市场化的程度不足。大学基金会正是在这种情况下形成自己的结构，发挥基金会功能的。因此，要真正规划好大学基金会的发展路径，必须重新理解其母体——大学对基金会的影响，重建大学与其基金会关系。从大学、基金会的角度重新反思两者的定位，重新审视和界定大学与基金会的关系，尤其是要厘清大学层面的路径选择，为基金会发展提供足够的空间与专业环境，这是能否建立两者新型合作伙伴关系、形成基金会与大学之间良性互动的前提条件。

因此，为解决大学面临的资金难题，优化大学资金结构，改善资金筹集使用体系，大学与其基金会面临着共同的治理问

---

〔1〕 李晓新："规范化与专业化：大学基金会资金管理的法律问题研究"，载《复旦学报（社会科学版）》2008 年第 6 期。

题，需要在两者之间建立一种新型的伙伴关系。在大学主导下充分发挥两个治理主体的优势，协调一致开展筹资活动；既各司其职，发挥各自的独特作用，又密切配合，形成治理的强大合力，以达到预期目的；共同策划捐助项目，统筹利用好现有社会捐赠资源，最大限度地用好现有捐赠基金，形成基于合作伙伴关系下协同治理的良好局面。

塑造两者“伙伴关系”治理模式的关键在于一种边界厘清，从制度层面合理规划大学与其基金会的治理边界与关系模式，将两者的合作伙伴关系建立在制度化保障的基础之上。一旦这种合作伙伴关系取得了预期的治理目标，大学会更加致力于推动这一新型治理模式走向制度化、长期化。具体来看，上述协同治理模式的构建，需要在大学的主导下，对两者关系进行重新设计与调适，做出新的制度安排，避免出现部门化管理与放任自流两种极端。

从图 6－1 可以看出，从大学角度看，在基金会资源大多掌握在大学方面的情况下，大学对其基金会处于高控制、低伙伴关系状态，很难形成推动大学基金会自主发展的整体氛围，无法按照大学基金会自身发展的规律进行内部治理与外部关系维护。因此，要将当前两者的控制与被控制关系，逐步过渡到一种伙伴关系，在此过程中降低大学对基金会的行政化干预程度，提高基金会的自治能力。通过对大学高控制程度、低伙伴关系格局进行重构，逐步进行完善与改进，最终过渡到大学对基金

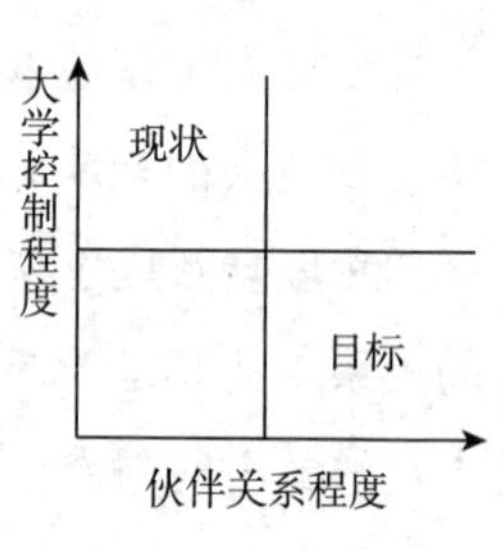

图 6－1 大学对其基金会控制关系示意图

会低控制、高伙伴关系的最终目标上，为建设科学有效的基金会管理体系打下良好基础。

在向合作伙伴关系过渡过程中，应区分好大学与其基金会的权力类型，这是形成两者恰当关系的前提条件。正如大学去行政化过程中要事先区别行政权力与学术权力一样，大学基金会去行政化也要区分其与大学的若干关系类别：在应该自主、独立的领域实行大学基金会去行政化，逐步减少管制和控制色彩；在需要加强与大学关联之处要形成制度、加强联系，对既有关联进行规范，形成合作伙伴关系；应适应形势变化逐步摒弃“对基金会放权意味着对其失去控制”的观念，大力培育和扶持大学基金会发展，激发大学基金会筹资募款的组织活力。随着大学对其基金会的不断放权以及基金会自身的不断发展，将会有更多的专业管理权从大学转移到大学基金会。大学与其基金会两者将相互依赖，彼此形成“伙伴关系”，相互信任、相互支持、相互依赖，开展多种契约性、制度性合作，建立良性、友好的伙伴关系以实现对基金会的有效治理和一种持续的互动，更好地完成基金会使命。

二、基金会的视角

如前所述，大学基金会因其特殊的组织特征，承接了许多来自大学的管理资源。在现有管理模式下，盲目抛开大学去追求基金会的所谓自治，并不能使大学基金会发展壮大。这种特定发展模式要求两者在管理上实现衔接与互动，将大学控制与大学基金会自身组织自治两种逻辑进行融合，进而形成共同治理的模式。特别是在当前我国的教育体制下，理想的基金会管理类型不是不要大学的影响，而是去除、过滤这种影响包含的行政化思维。

当前需要厘清的并不是要不要基金会对所在大学的依附，而是依附的程度以及依附的内容，具有选择性依附能力也是大学基金会成熟的标志之一。面对着大学林林总总的资源，搞清楚哪些层面是不能依附的，哪些层面又是必然要依附的，对大学基金会十分关键，考验着大学基金会的管理能力，这也是组织自主性的表现方式之一。目前，应把大学基金会对大学的无限依附转变为有限依附，变被动依附为主动依附，在道的层面由大学实施无形管理，在术的层面提高基金会组织自主性，形成分工合作的治理模式，提升大学基金会治理水平。

如图 6－2 所示，当前大学基金会管理呈现出弱自治、强依附的格局。改善大学基金会治理的最终目标是逐步提高大学基金会的自治程度，同时利用好大学方面的若干资源。在依附式发展方面，大学基金面临着与其他官办型公益基金会类似的管理困境。这类基金会成立时大多是在政府行政体制改革过程中某种职能的延伸或分化，实际上承担了一部分属于政府或事业组织的筹资或公益职能，这种情况使基金会缺乏自主性，没有一套自己的管理模式，事实上形成了对旧有管理体制的路径依赖。大学基金会更是如此，在实际运作当中无论在制度规范还是在运作模式上都以大学指令为行事方向，自主性明显不足。

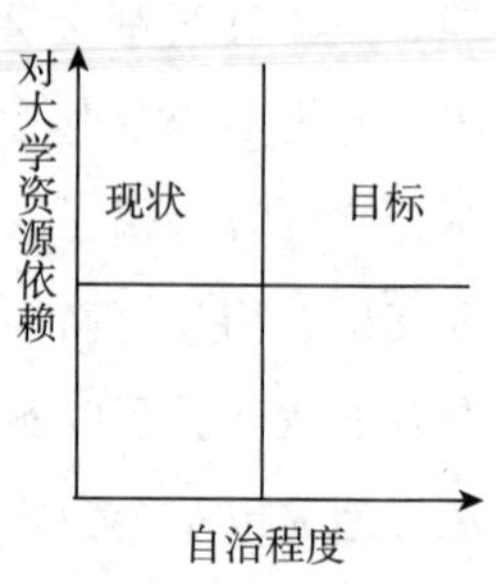

图 6－2 大学基金会自治程度示意图

为了改善大学基金会自治能力不足问题，应在维持、规范基金会对大学依附程度基础上，着重提升基金会的自治能力，提高其专业化管理水平。尤其是在税收、投资、财产计划与财务管理领域，大学基金会应在决策、财务、人事等方面跳出一直以来遵循的习惯性行政逻辑，创建灵活、高效的管理模式，加强内部治理，提高捐赠资金运作的水平，形成独具特色的大学基金会语言与风格。以此为基础逐步专业化，打造基金会特有的自身管理模式，进而在筹款策划与布置、捐赠关系维护、年度捐赠与筹款计划、信托服务与项目管理等方面充分发挥基金会专业优势，与学校有关部门一道形成合力，筹集到更多社会捐赠，更好地支持学校事业发展。

因此，在大学基金会发展的路径选择上，首先要明确基金会发展很难也不应脱离所依托的大学，促进和维护与大学之间的合作关系是常态化管理措施。大学基金会要明确自己的定位，摆正自身位置，按照章程积极服务于大学发展，特别是要把工作重心放在那些大学专业性不强的领域，使基金会有所作为。这需要对大学基金会的使命、愿景与任务进行重构，使大学基金会并不仅仅是大学的财务工具，而是一种成长道路上的伙伴。以威斯康星大学基金会为例，该基金会是威斯康星大学官方的筹款与捐赠获得机构，是独立、免税的非营利组织，单向服务于威斯康星大学。威斯康星大学基金会长期以来与大学紧密配合，共同吸引社会捐赠，其组织愿景是成为能够吸引私人捐赠，支持威斯康星成为世界上最伟大的大学之一的有价值、可信赖的伙伴。其组织任务表述为：吸引关心大学发展的人士向大学捐赠，提升大学研发能力，同时尽好管理捐赠资金的职责。其价值体系为：捐赠的欣喜与慈善的力量；大学的改变；对所有人尊敬、谦恭；诚实守信、正直行事规则的不可侵犯。[1]同样，伊里诺伊大学基金会也是一个筹措与管理捐赠给大学私人资金的非营利组织。尽管基金会是一个独立的实体，但基金会存在的唯一原因就是服务于所在的伊里诺伊大学，其组织使命是提升大学的利益与福祉。正如其在章程中规定的，伊里诺伊大学基金会的角色是代表大学获得私人捐赠。基金会以独立的伊里诺伊大学官方筹资与基金会管理的角色来组织运作。基金会与大学校长以及各分校主管携手进行筹资工作，包括识别战略捐赠计划、制订合适的筹资战略、推进与评估发展项目等。基金会具体工作部门日常事务包括筹款计划与资源配置、捐赠关系、信托服务和活动管理等方面。[2]

第二节　理想模式的实现途径——环境因素

去除大学基金会行政思维需要两条路径上的同步优化。一方面，大学实现去行政化的过程也会影响大学基金会，通过大学自治进程的不断推进，大学更多的按照其章程而不是政府指令行事，大学行政化程度将会有所改善。伴随着这一过程，大学对其基金会的行政化影响也将日益回归到正常水平。另一方面，应通过大学基金会自身的自主化进程，形成一套适应基金会运作特点的运作规律与理念，尝试以基金会文化体系替代行

---

〔1〕 威斯康星大学基金会网，http://www.supportuw.org/about-us/vision-mission-values，2014年4月2日。

〔2〕 伊里诺伊大学基金会网，http://www.uif.uillinois.edu/index.aspx，2014年4月2日。

政思维。同时，积极推进基金会人力资源自主化进程，减少大学直接派驻到基金会的管理人员规模，形成相对独立的管理层形成机制。通过这些举措，将基金会对大学的人事依附程度控制在适当水平，客观上降低大学基金会行政化思维程度。大学基金会自主化路径需依托大学去行政化路径，后者又为前者提供相应的独立空间，二者相辅相成，缺一不可。

一、大学外部发展环境的优化

如前所述，当前大学对其基金会进行深度行政化控制的根源在于大学受到的外部行政化干预。这些行政干预措施沿袭了计划经济时代旧有的高等教育管理体制，而不是按照高等教育规律去进行大学管理，导致大学治理结构失衡。因此，大学基金会回归专业管理，必须扩大大学办学自主权，建立符合大学组织特征与学校特点的治理模式，在大学内营造自主办学、自治管理的整体氛围，形成自治文化。《国家中长期教育改革和发展规划纲要（意见征求稿）》明确提出，要逐步取消实际存在的行政级别和行政化管理模式。纲要的出台，为大学去行政化改革指明了方向。

在大学去行政化、扩大办学自主权进程中，首先要厘清政府的职能定位。教育部部长袁贵仁曾提到，从政府的角度来说，要明确政府管理的权限和职责，将直接管理学校的模式转变为应用规划、信息服务手段，减少不必要的行政干预。[1]应该说，

---

〔1〕“学校管理应逐步取消行政级别和行政化管理倾向”，来源：http://news.ifeng.com/mainland/201002/0228_17_1558618.shtml，2010年2月28日。

这是优化大学外部发展环境的基本逻辑。具体来讲就是政府要改变对大学的管理体制机制，运用规划、信息服务、政策指导等方法，来替代之前惯用的干预、审批手段，更多地关注大学发展的宏观导向问题，而不是拘泥于细枝末节，有所为有所不为。

其次，应建立政府与大学之间良性、合理的关系，对政府与大学关系进行重构。只有解决好政府与高校关系，才能为进一步落实大学内部治理问题奠定基础。[1]在现实的高等教育体制下，一味地强调大学自治并不是明智之举，政府应率先发挥主导作用，站在全局高度，整合、重组、统筹教育资源。政府在保障大学自主办学权的前提下，对大学依法进行宏观监督，做到政府代表国家有效行政，大学面向社会自主办学，[2]而不是事无巨细的微观管理，要按照纲要进一步深化教育管理体制改革；大学则应发挥主体地位，通过承接教育主管部门的职能转移，逐步实现大学自主办学，分阶段实现大学自治。在这一进程中淡化行政化水平，从而构建政府与大学各有分工、相互依存的新型高等教育管理体制。

同时，针对大学受到行政干预的问题，可以借鉴制度同形理论提倡的“脱耦”机制，在构建大学与其基金会合作伙伴关系过程中，去除业已存在的、传导而来的行政化倾向。从源头减少外部对大学形成的行政干预，进而营造良好的大学发展环

---

〔1〕 任增元：“制度理论视野中的大学行政化研究”，大连理工大学2012年博士学位论文。

〔2〕 张祖英、许积年：“对建立我国现代大学制度的探讨”，载《清华大学学报（哲学社会科学版）》2002年第4期。

境，优化基金会管理机制。所谓“脱耦”，就是制度化的组织必须通过某种机制使组织在维持标准、合法、正式结构的同时，其技术性活动可以根据实践情况的需要不断调整。[1]这种“脱耦”的目标就是建立新型自主治理大学，解构高度行政化的高等教育场域，代之以学术化的组织场域，推动大学“去行政化”变迁。因此，要从根本上解决大学行政化问题，必须设法解构其所赖以维系的组织场域（尤其是其中的治理结构）及其结构化的制度环境。相应地，大学“去行政化”改革的首要任务就是解除政府对大学的过度管制，确立起大学自主的制度化安排，形成政府、社会和市场多方共治大学的外部治理结构。[2]这也是构建大学与其基金会伙伴关系的重要前提之一。

再次，以大学章程制定为契机，在制度层面推进政校分开、管办分离。2013 年底，教育部首批核准了中国人民大学等 6 所高校的章程。2014 年 10 月，教育部核准公布了清华大学、北京大学、南开大学、浙江大学、西安交通大学、中国农业大学、中山大学、中南大学和电子科技大学等 9 所高校的章程。目前，所有“985 工程”高校的章程均已获批，将陆续在近期发布。全国所有高校的章程制定工作要在 2015 年底前完成。在为此召开的新闻发布会上，教育部相关负责人表示，依章程自主管理是高校的法定权利，制定章程是完善中国特色现代大学制度的关键环节。章程绝不是一纸空文，如果不按章程办事，会有各

〔1〕［美］沃尔特·W. 鲍威尔、保罗·J. 迪马吉奥主编，姚伟译：《组织分析的新制度主义》，上海人民出版社 2008 年版，第 62 页。

〔2〕陈金圣、龚怡祖：“去制度化：大学行政化的新制度主义救赎”，载《高教探索》2011 年第 4 期。

种纠错机制。[1]有了现代大学章程，政府才能依法依章程管理大学，才能减少对大学不必要的行政干预。[2]大学章程从大学独立精神出发，以回归学术本位的视角，明确了大学办学的核心与灵魂，它是一所大学的办学指南，是其他制度体系的核心，是其他规章制度、办学活动都不得违背的“根本大法”，是推动学校内部治理结构和管理体制改革的根本动力。在目前我国高等教育管办一体、政校融合的体制下，章程的出台可以在一定程度上界定政府与学校关系，保障学校办学自主权，这也是落实《教育法》和《高等教育法》关于高校自主管理相关权利的积极举措。应该说，章程出台的本身就是“去行政化”的有益尝试。

最后，有选择地借鉴西方大学的成功经验，构建中国特色的现代大学制度。西方大学基金会之所以能较好地发挥作用、履行使命，关键在于其建立在现代大学制度基础上，大学能够充分自治且较少受到外界干预，相应的其基金会也少了很多羁绊。现代大学制度起源于1809年创办的柏林大学。柏林大学治理过程中，学校保持高度的自治，几乎所有事情都由学校内部成立的教授会决定。[3]经过长期的发展，现代大学制度基本定型，可以简单地将它概括为学术自由、教授治校、学生自治等内容，其核心是对外学校自治，对内教授治校。[4]美国大学传

---

〔1〕 雷嘉：“人民大学等6所大学章程获批高校去行政化明确”，来源：《北京青年报》2013年11月29日。

〔2〕 孙和义：“克服行政化倾向推进现代大学制度建设”，载《中国高等教育》2012年第1期。

〔3〕 龙叶明：“柏林大学：现代大学之父”，载《大学时代》2006年第4期。

〔4〕 林善栋：“去行政化与现代大学制度的建立”，载《教育评论》2008年第6期。

承了这种现代大学制度。教育拨款、国会的各种立法是联邦政府对高等教育施以“间接控制”的唯一手段，相应的，美国高校有很大的自主权，受政府的管控很小，学校发展的空间相对自由宽松。[1]

二、大学内部去行政化

如前所述，高校内部行政化表现在党政关系、权力配置、分配制度、工作作风与氛围等诸多方面。[2]通过上述分析我们发现，在大学基金会实际运作中，无论是组织机构还是重大事项决策，或者日常管理，大学大多按照行政逻辑对其基金会进行行政化控制，强调行政权力的支配地位和上下级组织之间的命令—服从关系，而不是遵循基金会的专业管理逻辑行事。大学基金会内部事务管理过程中，名义上由理事会成员相对独立进行决策，但因理事会成员多为大学领导或相关岗位行政干部兼任，致使基金会事务转移至大学管理层，导致大学基金会行政化色彩浓重。

基金会自主运行环境的回归，一方面需要净化大学发展环境，力求实现自主办学，回归大学本位；另一方面，在大学内部管理中，也应按照去行政化的原则，实现基于大学自治的大学基金会有限自治。具体应在以下几个方面实现突破：

首先，重新认识大学基金会的社会公益属性，在更大范围

〔1〕 李江源：“浅析美国大学的内部管理体制”，载《西华师范大学学报（哲学社会科学版）》1991 年第 3 期。

〔2〕 杨德广：“关于高校‘去行政化’的思考”，载《教育发展研究》2010 年第 9 期。

内发挥其公益效果。尽管大学基金会与大学具有与生俱来的“亲缘”关系，但就其本质上讲，大学基金会属于社会公益组织的一种，具有一般公益组织所蕴含的诸如非政府性、非营利性的特点。它是不把利润最大化当作首要目标，而以社会公益事业为主要追求目标的社会组织。因此，整体上看，大学基金会通过各种筹款项目资助师生与学校发展项目，为大学缓解财务压力，其实质是基金会社会公益属性在微观层面的体现，而不是最终目标。同时，教育事业本身也具有社会公益性质，对教育的投入间接等同于社会公益投资，并且具有一定的放大效应。因此，要深刻理解目标与手段的关系，不能简单地将大学基金会当作所在大学的自留地，而应站在更宏观的视角，转变观念，更全面地看待、把握大学基金会的社会公益属性。

其次，在大学管理框架内对基金会去行政化过程中，要注重专业精神的回归，形成专业化管理氛围，使基金会管理充分体现专业性。构建“去行政化、趋专业化”的治理模式，通过“脱耦”机制形成内嵌在大学内的专业性组织场域，提升大学基金会专业品质。在大学去行政化进程中，专家学者们呼吁最多的是学术与行政的分离，使专业的回归专业、学术的回归学术。当行政权力超出了自己应有的边界，代替学术权力发挥主导作用时，大学管理行政化就形成了。相应地，除了学术权力与行政权力之外，大学中还存在类似于大学基金会的专业领域，在这些领域中去除行政化，提升专业化水平，其治理能力必然随之得以提升。专业化管理区别于其他管理，其管理对象专业性强，常规的行政化手段往往难以契合其管理特质。因此，在大学管理中倡导学术性、行政性、专业性的分离，按照事物本来的规律进行针对性管理，将现在针对基金会的行政化管理模式，逐步过渡到由专业权决定基金会运行，进而替代行政权，推动专业权的发挥，这是基金会组织健康运行和良性发展的根本保证。同时，这三个领域也不是彼此割裂的，需要在厘清边界的基础上相互配合，整合起来使大学资源最大化，更好地为大学发展服务。

再次，在大学基金会管理过程中，要重新认识非营利组织、基金会管理相关法律法规的约束作用，深刻领会其中的相关条款，充分发挥其规范作用。现有法律法规虽然在一定程度上缺乏大学基金会具体适用性，但其中的诸多条款对基金会构成、运行都有较为明确的规定。严格按照《基金会管理条例》进行大学基金会治理，尊崇基金会的法治化路径，至少在一定程度上可以保证自治性，确保其良性运转，同时将大学与其基金会关系予以恰当规范。

最后，大学基金会的特殊性，决定了大学应对其采用不同于其他下属单位的管理模式，在现有政策框架内赋予其一定的自主权，尝试构建基金会管理特区。在这种新型管理模式下，大学管理层罗列基金会权力清单，把有关基金会的一般性日常事务授权给基金会理事会、秘书处去处理，学校只保留对例外事项的决策和监督权，培养、锻炼基金会自主决策能力，使基金会能够按照自身规律行事，同时确保资金安全。当然，这种管理模式的前提是理事会多元化，大多数理事席位不再由学校领导占据。前期可以效仿学术委员会的做法，吸引校内财务管理、NGO、投资专家、校外金融、管理领域杰出校友成立大学基金管理委员会，为理事会决策提供建议，提高大学基金会专业化水平，使其在基金会建设和发展中发挥重要作用。以此模式为依托，逐步过渡到基金会理事会多元化之下的自主治理模式。

三、通过财政配比资金对大学基金会进行激励

2009年，财政部和教育部联合下文印发了《〈中央级普通高校捐赠收入财政配比资金管理暂行办法〉的通知》（财教［2009］275号，以下简称《办法》），决定从2009年起，中央财政设立配比资金，对中央级普通高校接受的捐赠收入实行奖励补助，旨在引导和鼓励社会各界向高等学校捐赠，拓宽高等学校筹资渠道，进一步促进高等教育事业发展。中央财政设立配比资金，对中央级普通高校接受的捐赠收入实行奖励补助，应该说这是对大学基金会事业的重大利好。

根据该《办法》的精神，中央财政专门对各高校通过在民政部门登记设立的基金会接受的捐赠收入进行配比。该《办法》认定的捐赠收入，仅指高校上年度通过基金会接受的实际到账货币资金。从2011年起，中央财政采取分档超额累退比例的分配方式安排配比资金，5000万元以内的100%配比，5000万元以上的50%配比。该《办法》要求高校将配比资金纳入预算，严格管理，统筹使用，优先用于资助家庭经济困难学生、支持毕业生就业、开展教学科研活动等支出。不得用于偿还债务、发放教职工工资和津补贴、日常办公经费等。每年中央财政安排一笔资金对高校捐款进行配比的初衷，即对高校募捐到的数额按照比例再进行奖励，主要目的是为了给教育募捐创造一个好的环境，鼓励社会方方面面更愿意为高校捐款。该文件出台

后即发挥了重要的指导作用，极大地鼓励了大学的筹款积极性。在争取新增财政资金越来越困难的情况下，财政配比政策激发了高校注册教育基金会的热情。之前没成立基金会的纷纷成立相应的组织机构，基本上都在国家民政部或省级民政局正式注册成立了教育基金，我国大学教育基金会基本实现了在“985 工程”和“211 工程”院校的全覆盖。目前资金的配比仍然主要在部属高校进行，地方高校尚在准备阶段，一部分有实力的地方高校未雨绸缪，也相继成立了教育基金会。2011 年配比资金达到 20 亿元的规模，各大学基金会纷纷建章立制，在广泛吸引社会捐赠的同时争取国家配比资金。

事实上，对高等教育取得的社会捐赠进行政府配比是世界惯例。配比基金是指政府为了鼓励高等学校拓宽办学经费来源渠道，对学校募集的企业或个人捐赠而提供的专项配套基金，是政府鼓励大学筹款以及鼓励私人捐赠支持高等教育的双重激励机制。美国于 20 世纪 80 年代率先设立政府配比基金鼓励大学捐赠，随后新加坡、我国香港地区相继设立政府配比基金，英国、丹麦等西欧国家近年来也设立了政府配比基金。[1] 由于美国大学最主要的财政拨款来自于州政府，并且各州高等教育差异很大，配比基金由州政府提供。研究表明，美国至少 24 个州设立了政府配比基金。[2] 各州配比基金的实施方案各不相同，

〔1〕 邓娅：“建立大学筹款的激励机制——论配比基金的作用与意义”，载《北京大学教育评论》2010 年第 1 期。

〔2〕 AGB. State Matching Fundsare Boosting private Giving to public Higher Education. 美国大学董事会联合会，资料来源：http://www. agb. org/wmspage. efm? parml =1490，2014 年 3 月 8 日。

配比比例从1:1（即学校筹集到1美元，政府配给1美元）到1:3（即学校筹集到3美元，政府配给1美元）。新加坡政府设立配比基金始于1991年，当时为了鼓励私人捐赠，新加坡政府设立配比基金对新加坡国立大学和南洋理工大学募集到的捐赠资金进行配比，配比比例为1:3。为多渠道筹集高等教育办学经费，同时培育社会投资教育的捐赠文化，我国香港地区的政府于2003年7月启动了首轮配比基金计划，该计划对大学教育资助委员会资助的八所高校进行1:1的配比奖励。

世界各国和地区的实践和经验表明，设立政府配比基金能够发挥政府资金的杠杆作用，引发全社会对高等教育的关注，让更多人了解高等教育经费来源多元化的发展趋势，了解私人捐赠对高等教育发展的作用，特别是在大学筹款文化比较薄弱、大学筹款刚刚起步的国家，配比基金的设立可以大大提升捐赠文化和社会大众对捐赠教育的认同，有利于捐资助学良好风尚的形成。[1]不仅如此，政府配比资金的设立可以督促大学基金会从立、管、筹、用等方面进行基金会的规范化建设。由于资源的有限性，事实上配比资金是一种竞争性资源，各大高校在对其争取过程中，也会按照要求提高大学基金会的规范管理程度。因此，配比资金可以形成一种全方位的评估、激励机制，促使基金会在成立、管理、筹资、使用等诸多方面规范化运作，提高内部管理水平和资金使用效率，推动基金会提高透明度和公信力。在当前基金会管理尚未有具体标准与规则的情况下，政府配比资

〔1〕邓娅："建立大学筹款的激励机制——论配比基金的作用与意义"，载《北京大学教育评论》2010年第1期。

金可以起到一定的指导作用，成为无形的指挥棒。

第三节　理想模式的实现途径——大学基金会自身建设

在大学内外两方面分别去除行政化影响，优化大学基金会发展环境，推进大学基金会去行政化进程的同时，还要注重基金会自身治理能力的提升，优化组织结构与决策机制。在这个过程中提高大学基金会的自主性，将其对大学的依附程度调整到适当的水平。

一、组织结构的优化

（一）理事会结构的优化

当前，大学基金会受到大学行政干预、自治力缺失的主要原因在于理事会一元化。因此，解决理事会监督不力的钥匙就在于使理事会能够发出不同意见的声音，减少基金会理事会话语权的过度一元化特征，避免理事权利义务被大学行政化体制所稀释。同时，这种声音要富有建设性，能够从有利于基金会发展的视角提出政策性建议。这就要求理事会成员多元化，既有大学代表，也应有捐赠方代表、公益领域专家学者、财务审计专业人士等，改变目前大学基金会理事大多由大学管理层“垄断”的局面。

1. 成员构成要多元化，体现代表性。如前所述，大学基金会有着诸多的利益相关者，如捐赠人、所在大学、受捐助对象等。按照协同治理的要求，这些利益相关者均应在理事会构成中有所体现并获得相应席位，发出自己的声音，这是利益主体多元化导致理事会成员构成比例多元化的必然结果。例如，理事会中要有捐赠人代表以产生示范作用，要有大学管理层代表以保证基金会服务于大学的宗旨得到有效执行；要有专业知识和能力的人员参与到理事会当中，为理事会可持续发展出主意想办法；要有执行层（秘书处）代表的参与，将基金会运作当中出现的问题及时反馈。而实际运行过程中，理事会大多被校方管理层占据，未能体现诸多利益相关者的代表性，理事会实际决策权也随之转移至大学管理层。表6－1列举了国内外知名大学基金会理事会构成情况：

表6－1 国内外知名大学基金会理事会构成情况

基金会名称	理事会人数	大学方面人数	学校方面所占比例是否过半	理事长身份
北京大学基金会	21	17	是	现党委书记
清华大学基金会	25	21	是	现副校长
中国人民大学基金会	12	11	是	原党委书记
南京大学教育发展基金会	18	18	是	现党委书记
天津大学北洋教育发展基金会	24	22	是	副校长
四川大学教育基金会	18	11	是	现党委书记
山东大学教育基金会	16	10	是	现党委书记
厦门大学教育发展基金会	25	25	是	现党委书记
吉林大学基金会	24	24	是	现党委书记
浙江大学教育基金会	15	15	是	党委书记
中国农业大学教育基金会	14	14	是	原党委书记

续表

基金会名称	理事会人数	大学方面人数	学校方面所占比例是否过半	理事长身份
北京理工大学教育基金会	11	7	是	党委书记
中央财经大学教育基金会	9	2	否	退休校友
上海复旦大学教育发展基金会	15	5	否	党委书记
上海交通大学教育发展基金会	18	13	是	党委书记
北京航空航天大学教育基金会	9	9	是	常务副校长
北京师范大学基金会	22	19	是	党委书记
天津大学北洋教育发展基金会	24	22	是	副校长
天津南开大学教育基金会	12	9	是	党委书记
德克萨斯大学基金会	7	0	否	Roymax Partners 公司主席
密歇根州立大学基金会	18	<5	否	原 Gorman 集团合伙人
明尼苏达大学大学基金会	40	<5	否	出版商
香港大学基金会	21	<5	否	原港大代校长

注：大学方面人员包括基金会自身人员、附属及控股公司人员、曾经在学校担任行政职务的理事。

从表6－1中看出，美国大学基金会在理事会成员多元化方面有许多经验值得借鉴。美国大学基金会理事会成员大多是热心公益事业的企业界成功人士，其中大部分是所在大学校友，往往是不拿薪水的志愿者，仅凭借着对母校的感情做好管理、监督和评估等各项理事工作。理事会成员当中也包括一些来自大学的当然理事席位，如大学校长、大学司库等，但这部分席位在理事会理事总额中所占比例不大。2013年，德克萨斯大学与贝勒医学院基金会（Baylor Oral Health Foundation）市值达到了87亿美元，排名全美和加拿大地区第7位。德克萨斯大学基金会理事会由9名理事构成，每名理事任期7年，每年产生1名新的理事以确保理事会的延续性。目前7名理事中没有大学方面的代表，均产生自社会各界的校友代表。明尼苏达大学基金会2013年市值近28亿美元，理事会理事于每年9月选出，任期3年，其中1/4的理事由大学董事会任命。40位理事中只有大学校长等少数几位来自大学方面。2013年密歇根州立大学捐赠款市值16亿美元，在美国加拿大高校系统捐赠市值排名第47位。在其理事会18名理事当中，绝大多数是来自社会各界的校友，大学方面的理事极少。

此外，理事会多元代表性本身就蕴含着理事的独立性。有学者在论及大学基金会理事决策独立性时提出，可以借鉴公司治理结构中的独立董事制度，规定大学外社会人士（如相关领域的学者、专家、知名人士及捐赠者代表）参与基金会理事会的比例，以防止出现内部人控制以及大学行政化干预的现象。笔者认为，从目前看，独立董事设置的初衷在于分散理事会的“浓度”，这种安排在公司治理中就没有发挥出应有的作用，很难实现真正独立。因此，在大学基金会治理当中，从实质上采取措施使理事会多元化，分阶段降低大学管理层在理事会中的比例，就能在一定程度上达到所谓降低浓度的效果，而不必拘泥于是否设置所谓的独立董事。

2. 理事会专业化有待提升的问题。除了理事会缺乏独立性，理事会成员代表性不足之外，理事专业水平的不足也是困扰大学基金会发展的重要问题。理事在决策过程中需要对教育基金会的运作具备必要的专业化知识，了解法律、会计、投资等多个领域的相关知识。理事会理事之间还要在专业领域形成交叉互补，使理事会整体决策水平科学化。美国大学选择教育基金会理事会成员时，鉴于基金会工作的专业性，必须聘请法律、金融等方面的专家加入到理事会中。[1] Wolf 认为非营利组织宜聘请社会知名人士、组织设计专家、财务会计专家、擅长募款的人士（如商界、政界与基金会的代表）、人事管理专家、律师、公共关系专家以及与组织核心业务有关的专业人士。[2] 美国大学捐赠基金充分运用大学资源找到了上述人士与校友的交集，聘请一些为学校捐助大笔资金的捐赠者，特别是校友作为董事，他们当中大部分人已经在相应领域取得较高地位，社会经验丰富。有些成员可能是社会上声名显赫的人物，如华尔街首席执行官、投资银行家以及知名律师，将这些社会名流纳入基金会理事会，不仅有助于将其掌握的大量社会资源引入大

---

〔1〕 鲁小双："大学基金会内部治理机制探析"，载《社团管理研究》2012 年第 11 期。

〔2〕 Wolf T. , *Managing a Non - Profit Organization*, New York Prentice Hall Press, 1990.

学，也可利用他们丰富的社会经验促进大学捐赠基金管理，提升基金会管理专业性，确保基金会规范运行。

（二）监事结构的优化

通过非对称性的依赖关系，大学利用其基金会平台获取巨大的社会捐赠用来改善校园环境、奖励资助学生及教学科研。然而，大学在享有基金会运行成果的同时，也要履行必要的基金会监督责任。一方面减少基金会运作风险，避免因管理不善导致的丑闻影响大学形象；另一方面，运用监督机制完善基金会运作流程，提高其管理水平，通过透明化管理赢得更多的公众信任，获取更多的社会捐赠。因此，大学加强对其基金会的监管力度是确保大学与其基金会声誉的关键。

监事会及监事的监督作用是大学基金会运作过程中不可或缺的关键环节，一方面是因为按照《基金会管理条例》规定，基金会必须设监事；另一方面是因为监事监督作用的有效发挥可以构筑一道防范风险的防火墙。然而，条例没有对监事人选来源、构成比例及其产生程序作出具体规定，仅仅对监事不能从基金会领取报酬作了原则规定。监事的主要职责包括向捐赠人说明捐款的用途和监督方法，对基金会资金募集、管理等活动进行全方位财务监督，协助外部审计部门进行年度审计和专项审计等。田凯认为，当前监事会未能发挥作用的原因主要在于以下三个方面共同作用，使得监事履行监管的必要条件没有得到满足：①监事会代表性不足，一些重要的利益相关者（如捐款人、雇员代表等）没有参与到监事会中来，不能对影响自身利益的重要决策实施影响；②监事大多缺乏财务、法律等方面的专业知识，监管能力不足，使得监督过程流于形式；③监事、监事会的活动直接受到理事会或理事长控制，不具有独立性。监事会形同虚设，不能有效发挥作用。[1]不同于社会关注度高的公募基金会，作为非公募基金会的大学基金会鲜有公众监督，多是捐赠方与大学的单线联系，政府的双重管理体制在大学基金会管理当中更容易失效。这种情况更容易滋生出管理风险，更需要作为发起人、监护者、间接受益者的大学对其进行监管，规范其业务流程以防范风险。当前大学对其基金会监管的动力不足，一方面是因为在基金会也具有大学行政化特征的情况下，基金会执行层即秘书处、普通工作人员均是大学管理层决策的执行者，裁量权有限，监督意义不大；另一方面，对基金会工作人员还有许多附加的拘束因素（如级别、职称、奖金等）在发挥作用，对人的监督看起来比对基金会的监管更直接、更有效用，因此造成大学对其基金会的制度化监督乏力。

除此之外，实际控制基金会的大学同样主导了监事会。监事大多是大学纪检、审计等部门的负责人，体制内特征明显，缺乏监督所必需的独立性，使监事会及其监事很少进行实质监督活动，更不用说对基金会运作过程进行有效监督了。除此之外，监事及监事会作用有效发挥的另一个重要前提——监事的专业水准，大学基金会目前也不具备，监事没有捐赠项目运作和财务管理等方面专业水准，即使在获得独立性的情况下也无法进行专业的评判。从表6-2可以看出，上述现象不仅存在于A大学基金会，其他大学也不同程度的存在这种问题。监事会

---

〔1〕田凯："中国非营利组织理事会制度的发展与运作"，载《经济社会体制比较》2009年第2期。

监事大多来自所在大学，以来自审计、纪检等相关部门的党政干部居多。北京大学教育基金会经过不断的优化，监事身份正在实现两个转变，一是由校内向校外转变，二是实现专业化转变。监事会建设走在了我国诸多大学基金会的前列，起到了一定的示范作用。

表 6－2　大学基金会监事来源一览

学校名称	监事会人数	监事身份
北京大学	3	均为企业家，其中 2 人来自香港，1 人来自北大方正集团
清华大学	3	校财务处等校内单位
中国人民大学	1	学校审计处处长
复旦大学	2	校党委副书记及财务处长
上海交通大学	1	学校纪委副书记
浙江大学	2	审计处长、计财副处长
南京大学	5	学校纪委副书记等 4 名校内人士，1 名来自其他教育基金会

从根本上看，与理事会能力不足问题一样，监事会独立性与专业水平不足也源于大学对其基金会的深度控制。监事的选择与标准完全由大学管理层制定，而不是由理事会决定。因此，监事会监督不力是基金会理事会治理弱化所造成的表现之一。解决监事监督不力问题的关键在于提升理事会自治水平，实现在理事会框架内而非大学层面决定监事资格及人选，明确监事职权范围和行事规则。相应的，监事独立性与专业水平不足问题就会迎刃而解，破解监事及监事会监督不力的问题，推动监

事作用切实发挥。

改善自己不能监督自己的状况，提高大学对其基金会的监管效力要结合当前大学基金会的实际逐步开展。目前，大学应通过逐步减少在基金会理事会、监事会中所占的席位，让位于更多的其他利益相关方，使治理格局从一元化走向多元化，提高理事会、监事会代表性。唯有如此，大学才能跳出圈外对其基金会进行监督。在此基础上，逐步形成理事会会议记录抄送大学党政联席会制度，做到大学对基金会理事会只监督而不参与决策，在放权的过程中实现监督权的强化。

美国大多数基金会都由理事会领导，一般不设监事会。但没有监事会不代表监督虚位与监督职能的弱化。根据大学基金会管理体制的差异，监督职能往往分散至学校投资委员会、大学发展部或董事会的专业委员会，这种监督模式是建立在基金会理事会良好的治理结构和足够代表性基础之上的。监事职能往往由董事会内设的审计等专业委员会承担，或者是理事会中常设的财政小组、审计小组、项目审查小组常规监督工作。这些小组由具有相关方面专长的专家组成，具有一定的监督职权，部分大学由学校层面的投资委员会行使捐赠基金会监管职责。

哈佛大学投资公司同样没有专门的监事机构，仅在学校层面设立监事机构。哈佛大学监事会共设 30 个席位，每年通过哈佛校友会新选出 5 位轮换，新监事任期 6 年。多数监事由校友会提名，从历届校友中选举产生。他们通过调查研究，为改进大学的日常事务管理提出综合建议，更多地具有咨询性质，其中也包括学校捐赠事务管理方面的内容。普林斯顿大学发展部负责捐赠基金会募集与管理，大学财务部和司库对捐赠基金管理进行监控，确保资金运行平稳，充分保障学校和捐赠人的权益。加州大学 Berkeley 分校在基金会理事会下设投资委员会、财务和行政委员会、筹款委员会、提名委员会、审计委员会五个委员会来推进基金会财务工作。值得一提的是，审计委员会的主要职责就是确保大学基金会的财务安全。伊利诺伊大学基金会在理事会执行委员会之下，设立了若干专业的常务委员会，其中包括审计委员会，具体负责复核基金会的财务状况、报告方法和会计程序。

耶鲁大学捐赠基金的监督职能是在投资委员会框架下进行的，自 1975 年以来，耶鲁大学投资委员会一直负责对捐赠基金的监督，确保投资行为实现科学合理的组合。投资委员会包括 3 名公司成员和其他富有投资经验的专业人士。委员会每个季度都要开会，审查资产配置政策、投资方案以及捐赠基金的表现。在美国大学基金会，国内大学基金会意义上监事会监督职能大多被学校董事会或基金会理事会、诸多专业委员会的监督职能所吸收，没必要单设监事会进行监督管理。在日常事务管理过程中，这种模式同样发挥着重要的监督作用，确保捐赠基金管理始终体现组织使命。当然，这是建立在理事会、委员会充分代表性、自治性基础之上的。

（三）基金会秘书处结构的优化

近年来，在不断严峻的财务形势面前，国内许多大学认识到发展教育基金会事业、吸引社会捐赠的重要性，筹资工作越来越受到管理层重视。大学管理层致力于通过基金会平台弥补教育经费的不足，把争取社会各种资源视为学校工作的重要组成部分（表6－3列举了国内大学基金会捐赠收入、组织设置与工作人员数量）。然而，与美国大学基金会相比，我国大学基金会仍有较大的发展空间。目前，美国高校对教育捐赠的宣传、筹集、管理、投资等方面已步入专业化、市场化的运作，形成了日益完善的制度、先进的专业化管理及完善的募捐机制，使美国高校在竞争激烈的募捐活动中获得充足的资金支持和源源不断的发展动力。[1]不同于国内大学基金会相对单一的组织结构，美国高校基金会具有相对科学完善的基金管理模式，虽然各校因实际情况不同，捐赠组织或基金会的组织模式各有特点。一般情况下，私立大学本身即具有非营利组织和免税资质，其财政来源也主要来自于社会捐赠，因此并没有成立基金会的必要，而是通过学校层面的大学发展委员会或类似机构将学校募款、拓展等工作整合起来，大多由一名主管副校长统筹负责。而公立大学则一般设立基金会，作为具体的捐赠基金管理机构。即便如此，大学层面也有发展委员会、财务部等机构统筹募款以及基金管理工作，并以此为平台采用矩阵式组织结构管理模式，构建校、院二级筹款体系来加强募捐工作。因此，美国高校通过发展委员会、校友会（校友联盟）及投资公司这三个主要基金管理抓手来推动校友维系、筹款及基金管理工作，三个模块信息互通、资源互联，形成合力搞好捐赠工作。表6－3列举了国内外大学基金会职能分布情况。

〔1〕蒙有华、徐辉："美国高校教育捐赠制度探析"，载《高教探索》2006年第6期。

表 6－3 国内外大学基金会职能分布情况

学校名称	2013 年捐赠收入	办事机构数量	备注	工作人员数量
清华大学	14.04 亿	8	大陆部、亚太部、欧美部、项目管理部、财务部、资金运作部、公共关系部、综合办公室	40
北京大学	3.84 亿（2012 年）	6	行政部、亚洲事务部、欧美事务部、财务部、项目管理部、信息部	26
南京大学	1.03 亿	5	办公室、国内部、海外部、校友部、基金部	20
浙江大学	3.20 亿	5	资源拓展部、项目管理部、综合信息部、财务部、校友事务部	29
北京师范大学	1.72 亿	6	国内事务部、海外事务部、公共关系部、项目管理部、行政人事部、财务投资部	6
中国人民大学	1.11 亿	3	财务与基金管理部、业务与项目管理部、校友联络部	4
北京航空航天大学	3.43 亿（2012 年）	2	综合部、管理部	6
武汉大学	0.56 亿（2012 年）	1	教育发展基金工作办公室	1

1. 发展委员会。美国大学大多建立了由副校长负责的筹款协调机构，招募专职工作人员进行专业化募捐、管理、投资等工作。同时，根据学校事业发展情况与社会经济整体状况，制定出筹款短期计划和长期计划目标，并通过制定相应的管理制度，使募捐和基金管理规范化和制度化。芝加哥大学在主管副校长的领导下，校友关系和发展募捐团队包括校友关系和年度捐赠、院系发展、捐赠关系、基金和公司关系、捐赠策划等部门。芝加哥大学筹款团队近年来逐步形成了5个“I”的工作机制，即：寻找捐赠人群（Identify）、提供捐赠信息（Inform）、培育捐赠兴趣(Interest)、融合募集与捐赠关系（Involved）、实现投资目标(Invest)。[1]通过这五个环节的良性循环，取得了良好的筹款成绩。

佛罗里达大学基金会关于发展和校友事务副校长的职位描述是负责、指导和协调与佛罗里达大学基金会、佛罗里达校友会相关资源的管理、投资等工作。大学因其规模与定位的差异，发展部门的机构与职能各有不同，有的大学成立学校发展委员会或发展部统筹筹款事宜，例如，纽约大学集资机构是学校发展部，下设企业集资处、基金会集资处和个人集资处等筹资机构，主要职责是对外宣传学校、联系校友、帮助各院系申请项目等，争取各大公司、基金会和个人捐赠支持；有的大学则是直接在主管副校长办公室下设相应基金管理机构，例如，哈佛

〔1〕 芝加哥大学副校长讲座：“Building a Culture of Philanthropy（建立捐赠文化）”，Ronald Schiller VP The University of Chicago，转引自李方：“美国高校捐款募集的系统考证”，载《北京教育学院学报》2009年第2期。

大学有专门的副校长负责资金运作，在副校长办公室下设有现金管理、投资风险管理、财务管理办公室，管理学校的捐赠及其他资金。

在筹资实践中，仅有学校层面的运作是不够的，美国大学在学校与学院、集中管理与多点出击之间做足了文章。在学校层面建立发展办公室或发展委员会的同时，在学院也设立了相应的筹资募款机构，形成合力提高筹款规模。例如，哥伦比亚大学在筹款工作方面的经验是在集中管理和下放院系中寻找平衡。但这种模式也因校而异，普林斯顿大学在学院层面一般不另设发展办公室，学校筹款工作主要集中在校一级发展部。

与美国大学筹款机构相比，我国大学基金会尚未建立规范的捐赠基金运行机制，缺乏明晰、运行有效的组织结构。捐赠筹资的组织、制度建设远未跟上形势发展，组织体系有待规范，能力建设有待加强。有学者认为，从机构设置来看，基金会应该隶属于校长办公室，由一名副校长（基金会主任）主持日常工作，下设办公室、财务部、国内市场部、海外市场部和基金管理、投资部等，具体人员配备数量以筹资比例进行安排。[1] 此举固然是吸收借鉴美国一流大学先进经验的有益尝试，可以将基金会与学校事务发展联系得更加紧密，利用学校资源协调各方关系的渠道也更加顺畅，但目前我国大学基金会的基本治理现状是自主性不足、行政化有余，如此制度安排只能向加强行政化的方向越走越远，不利于我国大学基金会事业的长远

---

〔1〕 汪开寿、唐祥来：“美国高等教育捐赠与我国的政策建议”，载《比较教育研究》2006年第6期。

发展。

2. 校友会。一直以来，来自校友的捐赠是美国大学特别是私立大学的重要资金来源，在整体捐赠份额中占有很大比例。广大校友们凭着对学校的深厚感情，用自己的实际行动回报母校，有力地支持了母校的发展。校友资源已经成为大学的一笔无形财富，是美国高校接受社会捐赠的重要资源，具有巨大的潜力。因此，美国大学充分重视校友网络、校友平台的搭建，与校友保持经常性的密切联系，注重发挥校友特别是知名校友在教育捐赠中的作用。美国哈佛大学、耶鲁大学、普林斯顿大学等名校的年度收入当中校友捐赠占据相当大比例，校友对母校的反哺充分表现出了校友对母校教育品质的认可，校友捐赠额已成为衡量、评价世界一流大学的重要标准。

美国大学的校友会（校友事务发展办公室）大都建立了校、院二级组织，都有固定的工作人员和工作场所，普遍建立了校友档案和跟踪联系制度，通过定期发送校刊、召开座谈会等方式加强与校友的交流与互动。校友会组织通过各种方式与校友取得联系，经常举办校友联谊会，邀请校友们回校进行座谈、讲学、聚会，每年固定一个日期举行校友捐款活动。校友认同感、归属感的强化，也是形成校友文化、捐赠文化的前提条件。

加州大学洛杉矶分校在传统校友服务的基础上，提供了许多有特色的会员服务。校友会运作采用会员制，根据不同的会费金额，享有不同的会员待遇。例如，一般的会员可以有在学校商店打折以及免费使用图书馆资源的福利；年会费在 2500 美元或以上的会员，可有校园免费停车和免费获赠学校重要运动赛事门票的福利；年会费在10 000美元以上的会员，每年可受邀参加校长举办的宴请；等等。此外，校友会还不定期地开展各类校友活动，如职业生涯规划和咨询、各类精英讲座、返校活动、校友集体旅游等。[1]也有的美国大学校友会独立运转，例如，加州大学伯克利分校校友会是一个法人实体，独立于学校针对校友开展募款活动。校友会和大学拓展部的工作合作往往建立在校友数据和信息共享基础之上，相互配合获得捐赠。

在与校友建立密切联系的同时，更为重要的是在校友中宣传、培育、传承校友文化，时刻关心关注每个校友的发展，特别是当校友遇到困难时，母校能以强大的后盾来支持校友，加强校友的归属感，形成一种密不可分的校友情结，成为共同体。在此基础上，校友才会关注母校未来发展，自发参与到捐赠活动中来，以资金、智力、技术回报母校，支持母校的建设，顺理成章地把校友资源转化学校建设发展事业不可或缺的“财力资源”。

加州大学洛杉矶分校以服务未来校友为出发点，注重将来，做好在校生的校友文化培育。目前UCLA在校的学生约有3.7万名左右，人数相当于校友会目前规模的1/3以上，如何服务好在校学生，增强母校意识，树立捐赠文化是校友关系部和校友会的工作重点。校友关系部门经常会对在校学生做一些调研，寻找学生的潜在需求，并充分利用已有的校友资源，搭建各种平台服务于在校学生。[2]以普林斯顿大学为例，2011年普林斯

---

〔1〕“美国大学基金会调研”，载《基金会研究报告》2008年第4期。

〔2〕“美国大学基金会调研”，载《基金会研究报告》2008年第4期。

顿大学取得了5亿多美元的捐赠款项，是1969年以来参与捐赠人数最多的一年，其中有近61.3%本科生校友参与了捐赠，捐赠额度达到了近4亿美元，几近占到了捐赠总额的80%。在筹款运动中，普林斯顿大学校友会功不可没，校友会设有校友信息库，掌握大约90%校友的有效通信地址或电子邮件，此外，校友们每个月会收到两期母校寄来的校友通讯，介绍学校的最新动态和校友活动，每年约有2万名校友回到普林斯顿参加团聚活动，有力地烘托了校友捐赠氛围。

但正如中大北京校友会会长、北京大学中文系教授陈平原所说，“校友文化”不等于“校友捐赠文化”。[1]校友工作与募款有密切的联系，但也有区别与界限。普林斯顿大学发展办公室与校友办公室的关系非常紧密，同时也保持着距离。校友会与发展部在许多领域都可以携手合作，包括安排出国访问、组织募款晚宴等。但活动性质是明确的，如果某个活动是单纯的校友联谊，那么负责筹款的发展部人员要回避出席。即使在美国，筹款也仍然是一个敏感话题，因此，校友会有时会对校友们采取更为保护性的态度，为校友的福利着想。[2]

3. 捐赠基金投资公司。做好捐赠基金投资管理使其保值增值，是大学基金会管理的重要组成部分。为了对大学捐赠财产进行有效管理，美国大学特别是私立大学很早就开始了捐赠基金投资的尝试，以提高捐赠基金的投资效益，发挥捐赠资金的最大效用。早期的捐赠财产投资管理大多在学校内设投资委员

---

〔1〕 夏杨等：“校友文化不是校友捐赠文化”，载《羊城晚报》2009年11月13日，第A6版。

〔2〕 “美国大学基金会调研”，载《基金会研究报告》2008年第4期。

会的框架内进行，学校董事会下设投资委员会及其投资办公室，成员由学校聘请具有丰富投资经验的金融专家组成，具体负责捐赠基金的投资运作，以使捐赠资金增值。其后，为节省捐赠基金的运作成本，提高学校对投资管理的控制程度，有些大学开始挖掘自身专业校友资源，创造性地成立属于自己的捐赠基金管理公司。目前，哈佛大学、斯坦福大学、芝加哥大学、西北大学、康奈尔大学、加州大学都成立了类似的投资机构，统筹大学的捐赠基金投资管理。

对哈佛大学捐赠基金进行日常投资管理的“哈佛管理公司”成立于 1974 年，全权负责管理哈佛大学的捐赠财产、养老金资产、运营资本、延期给予结余等，其中捐赠基金是最大的一部分。哈佛管理公司对哈佛捐赠基金、非现金资产进行投资运作和管理，以保持和增进哈佛大学各类资产。该公司隶属哈佛大学董事会，但其单独注册，是具有独立法人资格的哈佛大学附属实体，对学校监事委员会和学校董事会负责并汇报工作。哈佛管理公司执行委员会是公司最高权力机构，委员会主席是司库，其他常务委员还包括哈佛大学校长、财务副校长和公司总裁。公司员工由具有丰富投资经验的理财高手组成，下设对内业务部和对外业务部两个部门，每个部门又设不同的投资小组，由基金经理实施具体的投资项目。一直以来，哈佛大学管理公司致力于以混合方式对大学捐赠基金进行投资，在收益、风险和成本之间寻找最佳结合点。混合投资模式下，公司自身管理约一半资产，剩下的由外部管理公司进行投资。例如，哈佛大学管理公司将私人股本、房地产和大宗商品的投资外包，在新兴市场、债券和股票的投资则内外管理相结合。这种科学、审慎的投资策略使其投资绩效一直保持着良好的纪录，2007 年公司投资总账户资产总额达到了 408 亿美元，投资回报率高达 23%。同时，为了对投资风险进行有效控制，在总裁的领导下，有一名首席危机处理官专司投资风险评估工作，即使在经济不景气的 2008 年、2009 年，哈佛管理公司通过分散风险的方式将损失降到了最低。2009 年，哈佛管理公司为大学运行提供了高达 14 亿美元的资金；2010 年，虽有所降低，也仍然达到 13 亿美元。这些经费占整个哈佛运行经费的 1/3 还要多，成为哈佛大学完成其培养精英人才、创造和保存知识、服务社会使命不竭的经济动力。[1]

斯坦福大学也是采用公司制的捐赠基金管理体制，斯坦福管理公司创建于 1991 年，负责管理斯坦福大学的财务和不动产。斯坦福管理公司接受由学校管理董事会委任的主管委员会监督，由学校信托委员会提名的一个董事会进行管理。斯坦福管理公司董事会成员包括投资和不动产专家、校长、首席财务主管、学校管理董事会主席以及斯坦福管理公司的 CEO，还有来自学校商学院和经济系的代表，公司董事会负责审批资产配拨、监管外部资产项目经理以及评估公司投资情况和职员工作表现。斯坦福管理公司主要投资在斯坦福联合基金池里面，其主要目标是为斯坦福大学提供稳定的财务支持，确保基金的长期价值。部分大学基金会职能分配关系如表 6－4 所示。

---

〔1〕 徐来群："美国高等教育巨额捐赠及其基金资产的分析"，载《高教探索》2011 年第 6 期。

表6-4 大学基金会职能分配关系模式

学校名称	主要负责人	关系维系环节	筹款环节	基金管理环节	投资环节	财务监管
北京大学	校领导	校友会	学校、院系、基金会	基金会	投资委员会	监事会、学校财务
清华大学	校领导	校友会	学校、院系、基金会	基金会	投资委员会	监事会、学校财务
人民大学	校领导	校友办	校、院领导	基金会	基金会秘书处、学校财务	监事、学校财务
加州大学洛杉矶分校	主管对外拓展事务副校长	UCLA校友联合会	对外发展事务部门发展办公室	基金会	基金会投资委员会下属的基金经理、外部投资公司	基金会理事会、发展办公室
南加州大学	发展、财务副校长	校友组织	大学拓展部、院系	大学拓展部	投资委员会、产品投资经理	校董事会
哈佛大学	发展副校长	校友联盟	校友与发展办公室、校友联盟	发展部	哈佛管理公司	财务、审计办公室
斯坦福大学	发展副校长	校友会	发展部、校友会	发展部	斯坦福管理公司	学校财务部门

续表

学校名称	主要负责人	关系维系环节	筹款环节	基金管理环节	投资环节	财务监管
耶鲁大学	财务副校长	校友会	发展部、校友会	发展部	投资委员会和投资办公室	学校财务部门
普林斯顿大学	学校	校友会	发展办公室	发展办公室	大学投资公司	财务办公室

二、大学基金会决策体制的优化

决策机制是大学基金会治理的首要环节，优化决策机制可降低决策成本和风险，有效提高基金会治理的效率和质量，为基金会有效运作提供了保障。然而，通过上文论述可以发现，大学基金会决策机制存在的诸多问题，本应独立决策的大学基金会组织整体上被大学所“控股”。基金会决策权转移至大学管理层，重大决策在理事会外形成，部分通过理事会会议的形式使其合法化，理事会“自主决策”异化为大学的“行政化”控制。表面来看，大学管理层在对大学基金会人力资源、财务资源深度控制，基金会机构设置与大学管理机构高度重合的情况下，在大学决策体制下进行决策会更为顺畅、更有效率，相应的，执行意志更加坚决，但大学主导其基金会决策的现状不利于组织长远发展，也无法充分发挥基金会组织的最大效用。理论上讲，基金会理事会代表的是公共利益，既不应代表出资者利益，也不应由基金会实际控制者——大学去行使决策权。而在实际操作中，大学管理层主导其基金会话语权，有可能形成有益于大学却有违公益性，有益于当下但有违长远的决策。

因此，从长远来看，应致力于大学基金会自主性的提升，使基金会对大学的依赖更加理性。大学主导的外部联盟将逐步过渡为大学与其基金会、其他利益相关者的协同治理，相应地，大学基金会理事会决策权也将逐步回归至合理状态。同时，抓住理事会决策这个大学基金会决策机制的核心，进一步完善理事会决策机制。具体来看，可以从宏观、中观、微观三个层面构建适应当前管理体制、契合大学基金会特点的决策机制：

首先，从宏观上看，营造环境实现大学自治与大学基金会自主决策。如前所述，大学基金会自主决策机制缺失的根源在于大学行政化，既有间接的教育部门对大学的行政化干预，也有直接的大学自身行政化氛围。实现大学基金会自主决策，宏观上讲要去掉“病灶”，将大学行政化的这两方面表现减少到最低限度，实现大学与其基金会在各自事务上的自主决策，实现大学自治与大学基金会决策的同步优化。前者主要体现在政府将大学当作附属行政机构等同管理，这种管理模式的核心就在于政府对大学决策的干预。逐步减少这种教育行政化，教育主管部门应发挥主导作用，率先改变政府教育部门对大学的传统管理体制，少干预、少审批，杜绝政府对大学的直接、微观、行政干预，真正按照教育自身的规律管理大学，通过运用规划、立法、信息服务以及最低限度的行政手段在关乎大学发展的宏观性、战略性问题上，给大学必要的发展空间。大学在获得必要自主权的同时，也应改变自身的行政化思维，减少行政化行事规则在办学过程中特别是对大学基金会的影响。

其次，在中观上形成大学与其基金会的合作型伙伴关系、实现与大学管理的对接。在此基础上，通过有效的制度安排，实现大学与其大学基金会在管理上的无缝对接，建立两者的合作型伙伴关系。大学基金会脱胎于大学，大学对基金会拥有深刻的影响力，脱离大学谈基金会的自主决策难以厘清其治理现状。在加强基金会自身内部治理的同时，在管理上与大学实现无缝对接，通过罗列决策清单、厘清决策边界等方式使大学管理层有所为有所不为，通过基金会目标倒逼出基金会自治手段，而不是通过行政化控制的手段实现目标。强化大学基金会理事会职能以实现自主决策，才能在大学自治进程中理顺两者关系，变“隶属关系”为“伙伴关系”，使大学基金会事业健康发展。

最后，在宏观层面弱化大学行政化控制，中观层面建立大学与其基金会伙伴关系的同时，在微观层面，大学基金会自身的决策能力也应提升，逐步实现科学化、民主化、合理化，减少潜在风险，提高决策质量，构建运转良好的大学基金会决策体制。在这个过程中：①要实现科学决策。大学基金会应以自身使命的实现作为决策的根本目标，通过科学的方法和手段，建立规范有效的决策程序。决策过程中，尤其要重视信息收集工作，及时关注国内经济社会热点以及重点校友动态，分析其中有助于扩大教育捐赠的点滴信息，为理事会科学、及时决策提供全面的信息支持；以此为基础制订若干方案，进而对决策方案予以评价和比较，选择出最优方案，同时注重规避风险来实现基金会利益的最大化。美国私立高校将直接捐赠往往交由校董会统一管理，重大项目更要经过论证后决策；对于成立基金会的大学，捐赠基金则由理事会统一管理，理事会均由校内外两部分人构成，校内有校长等人参加，校外聘请社会知名人士或捐赠人士参加，代表性较强。[1]②要增强理事会的参与性，适度扩大决策范围。作为基金会的最高决策机构，理事会在重大问题决策过程中，为避免最后决策的错误，特别是事关大学基金会战略发展的重大问题和高层管理人员的人事任免，一般应采取集体决策的形式，按照一人一票、少数服从多数的原则进行表决。③完善的层级决策机制可提高基金会治理效率。整体上看，提高理事会决策能力并不是指事无巨细都要由理事会讨论并做出决策，适当的放权与授权也是理事会治理能力提升的体现。依据决策权的种类与特点，按照轻重缓急将其在理事会、秘书处、秘书处内设职能机构间进行合理分配。理事会作为决策核心负责战略决策、数额巨大的捐赠称号授予、突发事件等重大问题决策：理事会对秘书处、秘书长充分授权，赋予其中观管理事项的决策职责，理事会对其把握方向和追究责任；职能机构对日常捐赠事务活动进行微观决策。通过合理授权与监督，实现决策权在不同决策参与者之间进行合理有序配置的格局。这种制度安排需要以制度规范的形式进行明确，避免在工作中分权又分责、权责不明晰的情况出现。例如，在基金会投资过程中，投资前应明确授权额度，在投资决策层审定后由投资小组定期向决策层报告投资效果，授权额度之外或特别重大投资事项应由理事会投票表决，最大限度地减少投资风险。

---

〔1〕 田培源、王建妮：“美国高校捐赠与基金会的运作及管理”，载《北京城市学院学报》2008 年第 1 期。

三、大学基金会内部激励机制的构建

大学基金会的发展离不开一支事业心强、专业能力突出的工作团队。恰当的内部激励可以推动基金会更好更快发展。然而，大学基金会作为一种特殊的非营利组织，有着与其他非营利组织、其他非公募基金会不一样的组织结构和管理模式。在我国特殊的高等教育环境下，与国外大学基金会也有诸多不同之处。这些差异反映到人力资源方面，就产生了大学基金会特有的人员结构。这就要求激励机制的设计应立足于大学基金会组织特点，适应不同大学的具体生态，使激励措施更富有针对性并得到有效运行。

大学基金会日常专职工作人员是基金会目标实现和日常运行的主要承担者，其中一部分是体制内具有学校事业编制的教职工，这部分人员由学校指派到基金会工作，往往在基金会中占据较为重要的位置，如秘书处秘书长、副秘书长、各部门负责人等关键职位以及会计、出纳等关键岗位。这部分人从性质上来讲，相当于大学派驻基金会的工作人员，其工资、奖金和福利自然按照学校标准领取，根据级别、岗位、职称的不同而有所差别，在基金会的工作表现只是参考。

与这部分事业身份的人不同，另一部分是基金会根据工作任务，按照“科学合理、精干高效”的原则设置的岗位，由秘书处提出用人计划面向社会公开招聘的合同聘用制岗位人员，无所在学校编制。他们有相应的专业技能，享有固定的工资收入及相关福利待遇，是目前大学基金会的主体。以北京师范大学教育基金会为例，包括基金会的秘书长、副秘书长在内，在目前全部（22 名）工作人员中，仅有 4 名在编事业人员，其余大部分员工实行聘用制管理。在市场化运作程度较高的基金会当中，工作人员中非事业编制的外聘人员往往占据相当大的比重，其工资收入和福利大多参照学校工资标准确定。

与其他非营利组织一样，大学基金会也应激发员工使命感、崇高感，提倡奉献精神，同时也应强化包括薪酬激励在内的一系列激励措施。大学基金会人员构成有着不同于其他非营利组织的特点，员工体制内与体制外并存造就了不同类型员工的个体差异，是激励中必须考虑的因素。在设计激励模式时不能一概而论，而应该首先分析每类员工的具体需求，比如，体制内职员更关注级别、专业技术资格的提升，而编制外职员更应适用于高弹性的薪酬模式以及广阔的发展机会。

（一）差异化的激励方法

大学基金会工作人员呈现出体制内与体制外相结合的特点，这实际上也是大学基金会双重定位的体现。在法律上，大学基金会是一个独立法人，而在实际上它又是高校大的科层制的一个职能部门，这就决定它一方面要受到大学制度本身的束缚，另一方面还有冲破这种束缚的一种先天禀赋，结果就是，当在体制内对大学教育基金会的发展有利时，它就采取在组织内获得资源的合法手段，当在体制外采取行动对于教育基金会的发展有利时，它就会极力挣脱高校大的科层制的束缚，为自己的发展争取到更多的资源与机会。这样大学教育基金会的一切运转都要表现为体制内与体制外的双簧演奏。[1] 大学基金会的双

---

〔1〕 陈秀峰："当代中国大学教育基金会运行机制研究"，华中师范大学 2007 年博士学位论文。

重定位导致工作人员体制内与体制外相结合，这就要求在实施激励过程中要根据人员构成的差异化特点实行双轨激励制度，开展因人而异的激励措施，提高激励针对性。学校指派到基金会工作的事业编制人员，根据级别、岗位、职称的不同而有所差别，其工资、奖金和福利按照学校标准发放，也不在基金会财务中体现。对他们的激励就是由高校提供的工资、奖金与福利的定期增长计划，以及相应的行政级别或专业技术的晋升期望，这一点与在大学其他部处的工作人员没有任何差别。体制内人员的激励手段与方式受制于传统的人事管理手段，并没有采取具体的激励策略将学校利益与基金会工作人员自身利益和谐地结合起来，只能通过强化使命意识等手段提高其工作积极性。

不同于体制内人员相对固化的人事格局，体制外人员激励方面则大有可为。按照我国目前的大学管理体制，政府教育行政部门对已核定的事业编制总数进行严格控制，基本按照“退多少进多少”的原则进行掌握，且大学一般都会把有限的事业编制用于高层次教学科研人才的引进上。编制的缺乏使快速发展的大学基金会只能另辟蹊径，开始通过社会公开招聘方式补充专职工作人员。随着基金会管理模式的逐步规范，非事业编制人员将逐渐成为这支队伍的主体。目前，国内大学基金会聘请的体制外工作人员，在待遇上大多采取一种不完全市场原则，建立了一套以体制内薪酬管理体系为参考的人力资源管理模式，力求充分调动其工作积极性，不使其与事业编制职工工资收入反差较大，缺少基本保障进而影响队伍的稳定。即便如此，目前编制外员工收入水平大多低于事业编制水平，薪酬市场化水平不充分。

国外大学基金会也存在人员属性多样化问题，例如，加州大学 Berkeley 分校基金会所有员工同时都是大学关系部职员，属于学校编制；又如，作为公立大学的加州大学洛杉矶分校，其基金会在账户、资产、会计记录方面与大学完全独立，但是在人员方面却完全由大学支持。美国公立大学基金会在人力资源方面呈现出与大学高度一体化的特征，私立大学大多在学校层面设立负责拓展工作和募款工作的大学拓展部或发展部，捐赠基金管理更是完全由大学工作人员负责。但是，我们应该看到美国大学基金会发展境况与我国完全不同，美国大学的编制概念没有国内大学丰富，往往就是一般的工作合同，与大学签合同或与大学基金会签合同没有什么本质差别，大学与其基金会人员的一体化只能说明工作同质性高，便于管理，而我国大学基金会人员双轨制背后的原因更为复杂。

在实行双轨管理制的同时，公平理论认为每个人不会只关心由于自己的工作努力所得到的绝对报酬，而且还关心自己报酬与他人报酬之间的关系。他们对自己的付出与所得和他人的付出与所得之间的关系作出判断。不同于一般的非营利组织，大学基金会编制外人员在与社会平均薪酬对比的同时，更多的是与身边编制内员工对比，更容易产生落差感。因此，在实施差异化的激励措施过程中，应力求两种人员构成之间待遇的平衡，尽可能地按照同岗同酬的原则进行薪资设计，减少因不公平感而产生的工作紧迫感，力求公平。

总体来说，由于历史、体制原因以及大学与其基金会特殊的关联特点，大学基金会存在体制内与体制外两种人员共存的情况，相应地产生了两种激励机制。校内人员激励主要以大学发放的工资奖金等福利为主，在大学财务薪酬框架内完成，其他的非编制人员通过或有或无的基金会激励机制完成。这种双重激励模式长远来看不利于基金会的持续发展，不利于大学基金会作为独立法人对其人力资源的统一管理。目前情况下，对工作人员的激励措施只能按照“新人新办法，老人老办法”的思路进行，建立并完善基金会工作人员的薪酬制度和社会保障制度，注重将二者之间待遇差距控制在合理水平，留住并用好专业人员。随着大学基金会与大学关系的逐渐理顺，基金会大学编制内人员将逐渐消化，形成统一的大学基金会专业人员结构。

（二）物质激励的重视

作为第一部门的行政组织，其成员努力工作、积极进取的主要动力来源和激励方式是在职位阶梯上的攀升，即获得更多的权力资源和机会；在作为第二部门的企业组织中，刺激员工积极性与创造性的主要形式是收益的增加，即更多的物质利益的满足。[1]按照这种逻辑，非营利组织职员选择在非营利组织工作，以非营利组织作为自己的职业主要是出于对组织目标和组织使命的认同，有很强的社会责任感和使命感，不是过分在意物质报酬，其工作动力不仅是为了生存与利益，更多的是追求公众利益，在此过程中实现某种精神上的满足，相应地在激励方面除了薪酬之外，对员工精神激励的作用更加突出。非营

〔1〕 郭于华等：《事业共同体：第三部门激励机制个案探索》，浙江人民出版社2000年版，第3页。

利组织一个基本特征是非营利分配性，对个人利益进行限制的目的是为了确保非营利组织资产用于公共目的而非个人目的，保证非营利组织的税收优惠待遇，维护公众对非营利组织的信任和支持。但对精神激励的过分倚重，缺乏必要的物质利益激励机制将导致管理者缺乏改善经营的动力。过低的待遇不仅会使需要养家糊口的专业人才望而却步，还会使组织人员流动性增大，造成组织经常出现人员缺乏的状况，不利于组织可持续发展。

大学基金会是单向服务于所在大学的非营利组织，组织公益性特征不明显，其员工更多地把在基金会工作当成一种职业，而不是纯粹的为社会服务的公益组织。因此，从激励机制适用性方面来讲，相对于其他可以依赖精神激励激发员工使命感和奉献精神的非营利组织，大学基金会介于企业组织与非营利组织之间，更需要按照市场原则建立激励机制，并在此过程中逐步提高员工使命感，使其认识到从事教育基金事业本身也是一种公益事业。当前，大学基金会工作人员特别是大学编制外工作人员工资待遇普遍偏低，物质报酬大致处于非营利组织平均工资中等偏下的水平，更是远远低于营利组织的工资水平。在缺少“事业编制”的维系下，他们的工作稳定性不强，一有合适机会就另谋高就，影响了基金会工作正常开展。这种情况产生的原因是复杂的，一方面由于大学行政编制的平均工资水平相对于社会工资整体水平本就不高，参照编制内员工制订的工资标准就更低；另一方面是目前《基金会管理条例》对人员支出有上限规定，即使没到上限，接近上限也会使财务报表形同异类，这种政策限定使得基金会工作人员的工资待遇往往偏低。

与国内大学基金会激励机制的过度谨慎相比，国外大学工资市场化力度较大。加州大学洛杉矶分校基金会所有的工作人员都属于大学编制，其薪酬和福利根据大学系统的标准和工作性质予以制定。相对比较重要的岗位（如高级募款人员、投资人员等）则在大学系统的薪金标准内适用较高的等级（一般不亚于教授级别）。同岗同酬与贡献度原则的施行，大大提高了基金会工作人员的工作积极性。目前，我国个别市场化程度较高的大学基金会开始了这方面的尝试，争取吸引更高的专业人才以提高组织竞争力。清华大学2011年基金会年平均工资126 883.59元，做到了高于非营利组织平均工资水平，相当于部分营利组织工资水平，并且基本与编制内员工一致，为构建和谐团队、提高组织稳定性打下了基础。然而，正如前文所述，这种激励措施会遇到制度天花板。《基金会管理条例》规定基金会工作人员工资福利和行政办公支出不得超过当年总支出的10%，由于这种比例限制，很难吸引专业人士，特别是基金会亟需的投资专业人士。过低的行政成本导致缺乏专业化团队，已成为制约非公募基金会发展的重要因素。对成本的认识误区有待改变，否则难以突破制度天花板，进一步制约大学基金会发展。

（三）目标激励方法的采用

目标在心理学上通常被称为“诱因”，是组织对个体的一种心理引力。目标激励方法则是通过设置适当的目标，调动人的积极性，以达到激发人动机的目的，是引导组织和个人取得最佳业绩的现代管理方法之一。在目标激励过程中，目标设置要科学、合理、可行，既要与个体的切身利益密切相关，又要与组织目标相匹配，既要有切实可行的阶段性目标，又要有合理规划的总体目标，真正发挥目标激励的作用。大学基金会作为特殊的非营利组织，组织内部激励成分先天不足。正因为如此，在捐赠基金管理实践中，应通过一些阶段性的目标计划，通过制度设计激发每个员工的活力，进而提升组织活力，推动大学基金会健康发展。在此方面，美国大学定期开展的筹款运动给了我们重要的启示。

筹款运动的历史可以说与美国大学捐赠基金事业一样悠久，这些面向社会私人的筹款运动对美国大学，特别是私立大学的快速发展带来了重要作用和深远影响。它不仅仅代表着一种资金的单向流动，而是蕴含着一种大学与社会、大学与教育发展所产生的互动关系。[1]目标激励是从长远角度出发的激励，有利于保持员工长久积极性的发挥。

筹款运动（Fund Raising Campaign）一词出现在20世纪初期，有专家评价从筹款到筹款运动是有意义的革命，这一新的提法反映了早期筹款活动到现代意义筹款运动的转变和发展，后者包含了更为丰富的内涵和科学概念。哈佛大学1994年发动的大规模筹款运动确定的目标是在5年期间筹款21亿美元，比起1984年结束的3亿美元筹款业绩来讲是又一次的历史性突破。1999年底，哈佛大学宣布大筹款运动圆满结束，筹款运动取得26亿美元的成果，超过原定筹款目标24%，巨额捐赠来自174 378个个人或机构，平均每笔捐款13 000美元，平均年度获捐赠高达5.2亿美元。哈佛大学通过1994年~1999年的大筹款

---

〔1〕许诤："美国著名大学筹款运动的考察"，载《北京大学教育评论》2005年第S1期。

运动从社会获得丰富的持续稳定的资金来源，不仅帮助哈佛大学从根本上摆脱了财政拮据的局面，促使哈佛大学财政状况发生了巨大的变化，而且为大学发展建立了新的、有效的工作平台。通过这个平台，使哈佛大学的发展能够长期获得社会多方面、多渠道的最直接、最活跃的支持与参与。2013 年 9 月，哈佛大学启动大型筹款计划“哈佛运动”，计划 2018 年前募集 65 亿美元，创大学基金募款目标的新高纪录。自哈佛大学的这次筹款活动启动以来，哈佛的 13 个学院也各自启动自己的筹款活动。这是第一次所有哈佛学院都参与的筹款活动。2014 年 9 月 8 日，哈佛大学公开宣布收到建校史上最大的一笔捐款——香港恒隆集团向该校公共卫生学院捐款 3.5 亿美元。陈氏兄弟的捐款让哈佛公共卫生学院满足了 75% 的筹资目标金额。该学院希望在 2018 年之前，募集到 4.5 亿美元。事实上，在这次筹款活动之前为期两年的筹备阶段，哈佛大学已经从 9 万多名捐款者处筹集了 28 亿资金。到 2014 年 5 月底，超过 10 万人给“哈佛运动”捐款 38 亿美元。

筹款动力不如私立大学强烈的公立大学也不甘落后，纷纷制订针对性的筹款计划。1993 年，伯克利大学校长田长霖宣布发动一场大规模的迎接新世纪筹款运动（The New Century Campaign）。田长霖校长在发动和组织这一运动时，确立了雄心勃勃的筹款目标：为迎接新世纪，到 2000 年筹到社会私人捐赠 11 亿美元。他称这是历史上任何一所公立大学所没有的、最大规模和最雄心勃勃的公立大学向社会非政府领域的筹款活动。

通过筹款运动，大学主动将大学的需求、发展目标向社会公布，取得认可与共识，吸引社会各方面人士的参与和资金的支持，有效促进了大学的进步和发展；社会、私人资源通过向大学捐赠，促进了大学在科研创新、人才培养、社会服务等领域的不断发展与完善。大学通过社会捐赠的渠道，与社会保持了紧密的互动关系。大规模的筹款使大学在更好地适应社会发展、适应市场经济和知识经济的变化方面，扮演了更加积极的角色，有利于在大学的发展和社会变革与社会需求之间找到更恰当的位置。[1] 我国清华、北大等高校也结合自身学校发展特点，围绕校庆等热点事件开展有计划的阶段性筹款工作，取得了理想的筹款效果。例如，清华大学教育基金会利用清华大学百年华诞之际发起成立“清华大学新百年发展基金”，坚持“平等参与、民主决策、规范管理、公开透明”的组织原则，面向清华校友、社会各界募集资金；并委托清华大学教育基金会进行独立统一封闭管理，负责基金资产的保值和增值。武汉大学教育基金会围绕2013 年学校120 周年校庆，积极策划捐赠项目，努力开展筹资活动。校长李晓红明确提出，学校要以 120 周年校庆为契机，弘扬历史、彰显成就、谋求支持、促进发展。为此，学校专门成立了 120 周年校庆筹备办公室，筹资被列为校庆活动的重要组成部分。教育发展基金办公室工作人员是筹资组基本力量，基金会则是开展筹资工作的重要平台。2014 年，重庆大学 85 周年校庆期间，该校 81 级校友唐立新宣布捐赠 3 亿元，为母校新建一栋信息博览大楼，刷新了国内大学基金会筹

---

〔1〕 许诤：“美国著名大学筹款运动的考察”，载《北京大学教育评论》2005 年第 S1 期。

款记录。国内大学筹款运动的实践，提升了基金会的管理规范化水平，提升了大学基金会的社会影响。更为重要的是，在此过程中，基金会员工在自身业务能力得到历练的同时，通过一个个筹款目标的计划、组织、实施，自信心大大提升，事实上发挥了激励机制的作用。

第七章
结　　论

第一节　本书观点总结

党的十八届三中全会提出，要扩大学校办学自主权，完善学校内部治理结构；健全基金奖励、捐资激励等制度，鼓励社会力量兴办教育。这为大学基金会发展提供了重要机遇，为基金会深度服务于所在大学、有效发挥其职能作用提供了广阔空间。正是在这样的前提下，本书梳理现有文献研究成果，综合运用管理学、社会学等领域分析方法，从大学基金会治理过程中存在的突出问题切入，以 A 大学基金会为案例进行实证研究，构建了一个研究大学基金会治理机制的一般框架，以期全面系统地研究大学基金会治理机制及其治理问题，厘清大学对其基金会治理的深刻影响，在此基础上提出我国大学基金会治理机制的完善路径。通过这些理论探讨与实证分析，得出了一些新的研究结论：

1. 大学基金会及其治理的特殊性。大学基金会与其他基金会一样，都是利用社会捐赠的财产开展公益活动的社会组织，对促进社会公益性事业的发展、推动社会和谐进步具有重要作用。同时，大学基金会作为独立的基金会法人，其捐赠资金的运作、管理等都应该依照社会组织管理相应的规律独立自主地进行。然而，在我国现有高等教育体制的深刻影响下，大学基金会脱胎于大学，与所依托大学关系密切。大学在基金会创办初期充当发起人的角色，基金会创办后则成为间接受益人。大学基金会没有像其他非营利组织一样形成“内部人治理”或“外部人治理”的局部，而是形成了由发起人、间接受益人治理的格局，有着比一般非营利组织存在的剩余控制权、剩余索取权与控制权“三权分离”更为复杂的产权结构特征，是一种特殊的社会组织治理模式。在这种治理模式下，大学对其基金会进行直接或间接的监督和指导，进而产生深度控制，形成了大学对其基金会拥有的天然影响力，这种现象在其他非营利组织、基金会治理中并不常见。因此，大学基金会在具有基金会共性的同时，更多地体现出治理个性。本书在论述中始终秉持着这一基本判断，即大学基金会首先是大学的基金会，它有自身的运作特点和规律，不同于其他非营利组织、基金会，属于一种依附于大学之上且与其处于共生状态、大学标签鲜明的非公募基金会，具有特殊的治理生态。相应地，研究大学基金会，就不能不研究大学与基金会的关系以及这种关系背后的深层次原因，厘清其与大学的关系，抓住其组织治理的关键，才能更深入地研究当代中国大学基金会的治理现状。

2. 本书认为，上述大学基金会治理特性产生了大学对其基金会进行过度控制的问题。通过对 A 大学基金会实际运作过程的观察，本研究发现大学与大学基金会的管理职权存在相混淆的情况。大学的党政领导事实上替代了大学基金会本身的职权，大学基金会治理出现了管理权转移、替换的现象。在这种情况下，基金会通常被视为学校的一个与学校办公室、宣传部、科研处等部处平级的部门存在，其财权、事权大多受财务、人事等部门制约，组织独立性很难保证。从某种程度上讲，基金会成为学校行政系统的一部分，融入了学校行政化系统中，不能按照社会组织的运行规律开展基金会管理，致使管理方式僵化。这种由过度控制引发的治理规则错位致使基金会发展运作限定在制度窠臼内，无法发挥出大学基金会应有的制度优势。

同时，大学对其基金会的全方位控制使大学基金会的治理环境产生了异化，本应开放的基金会治理环境，由于大学管理层的行政干预，在基金会外围形成了一道管理屏障。它在吸引外界捐赠资源时发挥着积极作用，然而在外界意图了解基金会的信息、掌握其运行动态时，大学这道管理屏障却起到了阻拦作用，使大学基金会长期处于类似托管状态下的封闭式管理中，近乎暗箱操作，不利于其与外界进行资源交换，有效的外部监督无法落实。

3. 大学对其基金会过度控制这种治理现象是通过某种机制实现的。通过案例研究，本书认为这种控制体现在组织机构与决策机制两个方面。大学基金会组织结构是指大学基金会的理事会、监事会和秘书处的设置与权力运行方式，具体来讲，基金会理事来源的单一属性决定了学校领导垄断了大学基金会理事会，形成了理事会构成的单一化，产生大学与其基金会管理高度重合的格局，客观上为理事会决策的一元化埋下了伏笔，不利于理事会决策机制的有效构建，使基金会理事会无法发挥在选举、决策、监督、审议等方面的重要作用。A 大学基金会理事会成员的单一化特征，导致理事、理事会的原始职能及先天角色未能有效行使，许多依附于理事、理事会而来的职权事实上由大学管理层、大学机关部处领导行使，相应的理事角色也发生了偏移，被行政角色吸收；相应地，大学管理体制本身的行政化行事规则传输至大学基金会组织文化中。这种行政化模式通过大学对其基金会的部门式管理，自然而然地传输到大学基金会日常管理当中，使其运行规则不可避免地带有行政化基因。除此之外，由于自身独立性的先天缺乏，监事在大学基金会框架内很难发出自己的声音，使监事会监督流于形式，不可能有所作为，监事监督的有效性难以保证；秘书处机构设置也大多由大学层面主导，秘书处思维与行事方式沿用行政化逻辑。

在决策机制方面，大学基金会所在大学作为发起人以及基金会资源提供者，在理事会决策体系之外搭建了新的决策平台，通过决策模式、决策主体、决策内容等方面深刻影响大学基金会的决策机制，使理事会未能成为基金会内部决策机制的核心。这种对决策的影响与对组织结构的影响形成互动，形成了双重影响局面，使大学基金会呈现出高度依附于大学的格局。

4. 基金会对所在大学的资源需求导致了这种过度依附现状，并呈现出加剧态势。大学通过组织机构与决策机制两方面对其基金会进行深度控制，使基金会产生了自主治理性不强等诸多治理问题，与《基金会管理条例》和其他章程规定的宗旨产生了一定的偏离。这种依附状态严重阻碍了我国大学教育基金会的独立自主进程，不利于基金会事业的可持续发展，也导致了基金会组织行为偏离使命的现象。本书借鉴环境分析方法来分析大学对其基金会的深刻影响，从因子集合，也就是环境因子为大学基金会提供各种资源、因子作用机制以及因子作用效果的角度，三管齐下对大学作用于其基金会的深刻影响进行归纳，厘清外界环境对大学基金会的重要影响。通过显性资源、隐性资源的罗列，构建了大学基金会与大学互动的模型，为后续以行政化逻辑解释了大学对其基金会的作用机制打下基础，进而得出大学基金会依附式发展的结论。同时，本书认为这种依附状态有着特殊的背景，是我国高等教育发展现有阶段的必然表现。不能简单地否认这种依附对大学基金会事业发展初期的特有推动作用，没有大学资源的扶持与共建，没有大学资源的凝聚作用，大学基金会就会举步维艰。因此，应辩证地看待这种依附关系，为后续大学与其基金会关系调整奠定基础。

5. 大学对其基金会的行政化控制源于广义的大学行政化，是大学被行政化后行政模式的沿用。依据制度同形理论的观点，在教育主管部门长期的行政化干预模式下，大学组织无疑深受这一高度行政化的制度环境影响，大学管理模式也逐渐趋同于行政组织，实行行政化的管理模式，遵循行政逻辑与思维。这种大学内部的行政化思维催生了行政化手段，而这种行政化手段促成了大学管理层对包括大学基金会在内的诸多机构的行政化结果，是行政化套路的沿用与复制。

然而，大学基金会并非仅存在于单一的教育场域中，它还处于非营利组织治理的规范化与专业化要求之下，只是程度远远弱于行政化强制制度同形，形成了双重制度同形现象。大学基金会面对这两种互相冲突但仍是以行政控制为主的非均衡制度同形，产生了若干治理问题。这些问题实质上是所处场域相互扭曲的结果。因此，大学管理层对大学基金会的干预表面上看是一种惯性的、部门化的管理方式，是大学对其基金会施加影响的最佳手段，背后却是一种大学行政化理念与手段在主导，是行政化管理方式传导的结果。这种双重制度同形理论也解释了大学基金会内部行政化思维的问题，大学基金会作为大学中事实上的内部组织，也难免会受到这种管理模式的影响，行政化逻辑在大学基金会进行了第三次传导，行政化手段得以部分沿用，而非营利组织、基金会若干规范性制度则相对弱化。

6. 在依附式发展的背景下，大学基金会治理问题的解决、治理模式的优化离不开大学对其基金会管理方式的改进。正确地处理大学与其基金会的关系，构建有效治理格局的关键在于两者伙伴关系的构建。正如前文所述，我国大学基金会存在理事会弱化、监事会独立性不足、决策机制不完善等诸多治理问题。完善大学基金会治理的路径有很多，但重塑大学与其基金会的关系，健全以理事会为核心的大学基金会决策机制，是解决当前大学基金会发展面临突出问题的关键环节。两者关系的理顺，将会对大学基金会长远发展起到极大的推动作用，将会使筹资、投资、内部管理等诸多问题在更加专业、纯粹的平台上得到解决。以此为出发点，本书从大学、大学基金会两个视角提出了构建两者合作伙伴关系的理想模式，进而从环境因素、基金会自身建设两个方面入手，将大学基金会沿着自主治理、协同治理的路径进行升级，打造体现大学特点并富含基金会特质的组织体系，更好地实现基金会组织的公益使命。

第二节　本研究的局限及需要进一步解决的问题

1. 由于不同性质的大学基金会面临的环境和资源有较大差异，研究结论是否适用于所有的大学基金会尚需要深入探讨，由此可能造成所选案例代表性有限。处于中国特色高等教育体制之下的我国大学情况千差万别，相应的大学基金会也各种各样。教育部部属高校与省属高校的基金会有所不同，副部级大学与厅局级大学的基金会在行政化程度上也有所不同，理工科大学与社会人文学科大学在捐赠资金筹集管理方面有较大差别，成立较早的与成立较晚的基金会管理模式也有区别。然而，一所大学的财务信息、基金会信息相对较为隐秘，相关数据、信息不易获取。因此，关于大学基金会的相关研究受资料所困，很难较为全面地掌握一所大学的基金会整体运行情况。本书在探讨大学基金会治理问题过程中选取了具有相对代表性的 A 大学教育基金会作案例研究，尽最大可能地还原其治理原貌。尽管如此，也很难真实反映全部（200 余家）教育基金会的情况，案例的代表性有限。相关的实证研究仅建立在对一个大学基金会的个案分析上，且个案仅仅是教育部部属的人文社科类 985 高校，这可能会使个案所揭示的大学基金会治理过程中存在的问题不够全面，不能准确地反映大学基金会治理现状。

2. 目前大学基金会研究多以公立大学基金会为研究对象，之所以如此，一是因为目前大学基金会绝大多数属于公立大学基金会，民办大学基金会微乎其微；二是因为公立大学基金会创办时间早、资金规模大，更具有研究价值，而少有的几家民办大学基金会创立较晚，尚未形成一定的资金规模。然而，在诸多大学基金会相关研究中，很少能够凸显公立大学教育模式下的大学行政化问题，并将之与大学基金会治理问题联系起来，使大学基金会的观察与研究更全面地反映其运行规律，更深入地了解行政化对大学基金会的深刻影响。这种行政化视角的考察，有利于更加全面、深入地了解大学基金会的管理内涵。对民办大学基金会的考察，将有助于从另外一个极端看待大学行政化对大学基金会的影响问题。

然而，由于我国仅有极少数的一至两家民办大学教育基金会，相关信息也很难获取，本书未能对民办大学基金会治理情况进行考察。事实上，在以行政化视角观察大学基金会过程中，选择民办大学作为极端案例进行研究，将其与处于行政化环境下的公立高校大学基金会进行对比，可以得出更为准确的关于大学行政化对基金会治理影响的相关结论，有助于从另外一个角度对研究问题进行甄别。正因为如此，本研究结论的普适性受到了一定限制。后续研究应当对各种不同类型的大学基金会进行具体研究，形成不同的基金会治理案例，比较不同地域、不同属性、不同管理模式下的大学基金会治理的差异，在挖掘治理共性的同时，尽可能地体现个性，为完善我国大学基金会治理机制提供参考。当然，这种全方位研究需要一定的前提：应建立在包括民办大学基金会在内的基金会组织信息充分公开、披露的基础之上。

3. 对国外大学基金会治理经验的归纳略显不足。本研究旨在通过行政化控制这一主线，厘清大学基金会治理过程中存在的突出问题。由于教育体制的差别，行政化控制在国外大学事实上是不存在的，大学层面是自主办学、教授治校，基金会层面是专业至上、机制灵活多样。相应的，在本书对发达国家基金会考察过程中，围绕西方大学基金会进行研究的案例还显得十分有限，导致国外治理经验介绍部分相对薄弱。在部分国外大学基金会经验介绍中，也大多通过网站信息检索、邮件联系等方式获取资料，缺少实地的调研，特别是没有进行面对面的访谈，研究深度不够。因此，有必要进一步研究国外大学基金会相应的治理机制，尤其是基金会与所在大学的关系定位、大学管理层对其基金会的影响手段等问题，以更好地借鉴国外先进经验，提高我国大学基金会治理水平。

4. 关注大学基金会制度建设不够。2004 年《基金会管理条例》的颁布实施，对规范基金会组织和活动，维护基金会、捐赠人和受益人的合法权益，促进社会力量参与公益事业，促进基金会健康发展起到了重要作用。然而，条例颁布距今已有十年历史，期间我国经济社会发展过程中出现了许多新情况、新问题。基金会发展很快，作为基金会重要组成部分的大学基金会近年来发展也很迅猛，掌握着越来越庞大的捐赠资金，正在发挥着越来越重要的社会作用，原有的管理条例出现了许多不适应之处，从某种程度上讲，制约了基金会发展。然而，到目前为止，没有具体的法律法规对大学基金会进行规范，缺乏更为具体的制度化保障，大学基金会赖以成长的整体制度环境还不成熟。因此，亟待针对大学基金会的组织特性进行相关研究，明确其与一般基金会、非公募基金会差别之处，制定相应的规章制度，对大学基金会与所在大学关系、投资收益、捐赠基金命名等诸多问题进行明确，为大学基金会发展提供更清晰、更准确的政策支持，防范基金风险，促进大学基金会事业健康发展。本书因将较多笔墨放在大学对其基金会行政化控制上，未能给予基金会制度建设问题足够的关照。然而，大学基金会制度建设问题对提升基金会整体治理水平至关重要，值得在今后相关研究中进行深入。

附件一

国内大学基金会基本情况调查问卷

尊敬的朋友：

您好！随着我国大学基金会事业的蓬勃发展，基金会强大的筹资功能逐渐成为大学办学经费的有益补充，其对我国教育事业的重要作用日益显现。但我国大学基金会与国外知名大学基金会、与国内知名非公募基金会相比，组织运作能力和公信力仍有待提升，尤其是受大学行政干预的影响，其自主治理能力有待加强。为了深入研究大学基金会内部治理，调查了解其整体发展状况，呈现全国大学教育基金会发展态势和总体趋势，提高其自主治理能力，构建大学与其基金会的伙伴型关系，推动其健康、有序发展，本研究选取我国部分大学基金会，围绕大学基金会的治理结构、治理机构、运行环境等诸多问题，尤其是基金会与其所在大学的特殊关系，进行深入的调查了解，问卷内容具有一定的针对性。因此，我们希望了解贵基金会组织运作、长期从事募款工作的资深人士来填写这个问卷。我们将本着客观中立的立场进行调查研究，您所提供的信息会得到严格保密，并将仅限于研究所用。请您放心作答！谢谢您的配合！

填答说明：

1. 请根据贵基金会的实际情况如实填写。
2. 选择题请直接在选项上画圈，填空题请在____上填写。

一、基本情况部分

1. 贵基金会的全名是____________________，成立于____________________年，属（口公募/口非公募）基金会，登记管理机关是____，业务主管单位是____

2. 贵基金会现有专职工作人员______________名，其中，学校事业编制________人，非学校事业编制________人。

3. 贵基金会成立时的初始资金为__________万元；请在以下选项中选出该初始资金来源：

A. 所在大学出资

B. 其他发起单位出资

C. 企业、校友或其他个人捐赠

D. 其他__________

4. 所在学校类型：

A. 部属高校　　B. 省属高校　　C. 其他

5. 学校是否将基金会列入预算开支单位，拨付日常办公经费？

A. 全部　　B. 部分　　C. 从未

6. 请问贵基金会的行政办公费用（主要包括房租、水电、办公用品、办公设备等）主要来源于：

A. 大学拨款

B. 基金会费用中核算

C. A、B 二者均有

D. 其他____________

7. 请问贵基金会的员工薪资（包括工资和社会福利、保险等费用）主要来源于：

A. 大学直接承担

B. 基金会费用中核算

C. 以是否有事业编制为原则分别支付

D. 其他（请填写）

8. 基金会家具、设备等固定资产是否由学校提供？

A. 全部　　　　　　B. 绝大部分

C. 少部分　　　　　D. 均是基金会自身经费购置

9. 基金会是否有相对独立的办公区域？

A. 在校内相对独立区域办公

B. 与其他机关部处混合办公

C. 校外办公

10. 基金会是否与校友会合署办公？

A. 是　　　　　　　B. 否

二、机构设置

11. 贵基金会理事会共有理事________人，其中，具有校内行政职务的理事________人，来自校外的理事________人，其中捐赠者代表________人，相关领域的专家学者________人，本基金会执行层________人，社会公众人物________人，其他________人。

12. 贵基金会理事长担任所大学的何种职务？

A. 党委书记

B. 校长或副校长

C. 其他________

13. 理事长更换方式为：

A. 与理事长担任大学职务同步调整

B. 自然到届调整

C. 其他方式

14. 理事产生及更换的方式为：

A. 大学作为发起人出任一部分当然理事

B. 大学主导，与有关方面协商确定人选

C. 理事会内部协商或不记名投票

D. 不清楚

E. 其他（请注明：____________）

15. 目前基金会理事会成员的基本格局是：

A. 大部分是大学管理层

B. 大部分是资金捐赠者

C. 没有绝对多数

D. 其他________________

16. 监事会共有监事________人，其中来自所在大学且担任校内审计、监察等相关部门领导职务的________人。

17. 贵基金会秘书长如何产生？

A. 理事会层面投票表决或协商产生

B. 大学管理层决定后由理事长任命

C. 理事长决定并任命

D. 其他________________

18. 贵基金会秘书长在担任大学基金会秘书长职位之前的职业经历与背景是：

A. 所在大学担任中层正职行政职务

B. 其他社会组织、基金会负责人

C. 本基金会内部产生

D. 其他____________

三、运行机制

19. 贵基金会在2012年内一共召开几次理事会？

A. 0次　　B. 1次

C. 2次　　D. 2次以上

20. 贵基金会的理事会会议是否将理事会部分内容在基金会网站公布？

A. 是　　B. 否

21. 请问贵基金会召开理事会后所达成的重大决议（如年度计划、战略规划、重大人事变动、产出的评估）是否曾向社会公布？

A. 是　　B. 否

22. 请您根据贵基金会实际运作状况，选出下列事项中起决定性因素的一个组织、机构或个人。此部分为单选题。

（注：请在您认为最合适的选项□上划“√”）	大学	理事长	理事会	执行层	主要捐款者	秘书长
22－1 章程的制定与修改	□	□	□	□	□	□
22－2 理事会成员的选聘	□	□	□	□	□	□
22－3 秘书长人选的提名	□	□	□	□	□	□
22－4 主要部门负责人的聘任	□	□	□	□	□	□
22－5 大额捐赠资金的募集	□	□	□	□	□	□
22－6 项目资金分配	□	□	□	□	□	□
22－7 捐赠资金投资增值	□	□	□	□	□	□
22－8 秘书长绩效评估	□	□	□	□	□	□
22－9 内部管理制度的制定	□	□	□	□	□	□
22－10 处理公共关系与危机应对	□	□	□	□	□	□
22－11 基金会工作成员激励	□	□	□	□	□	□

23. 秘书长以下的工作人员薪酬福利发放的对照标准是：

A. 大学同级人员工资

B. 企业工资水平

C. 同类规模社会组织工资水平

24. 基金会工作人员在机构工作的动机是：

A. 竞争力的待遇

B. 吸引力强的假期

C. 较快的晋升渠道

D. 基金会特有的使命感

E. 其他____________

25. 贵基金会最主要的资金保值增值的方式是：

A. 银行存款

B. 购买国债股票

C. 其他____________

26. 除了上述资金保值增值措施以外，贵基金会是否还使用资金开展投资活动?

A. 是　　　　　　B. 否

如果第26题答案选“否”，请继续回答以下问题：

26a. 导致基金会不开展投资活动的主要原因是：（多选题，最多选三项）

A. 基金会的沉淀资金较少，不足以开展投资活动

B. 没有专业人员，无法开展投资活动

C. 投资风险太大，不敢进行投资活动

D. 没有合适的投资项目

E. 现行的法律、法规不利于基金会开展投资活动

F. 其他__________________

如果第26题答案选“是”，请继续回答以下问题：

26b. 贵基金会是否建立专门投资管理机构?

A. 是　　　　　　B. 否

四、外部环境

27. 您认为贵基金会募款过程中对募款效果起作用的最主要因素是（单选）：

A. 政府的大力支持

B. 所在大学的支持

C. 本基金会的管理能力

D. 与各捐赠者的关系

28. 您认为民政部门对大学基金会评级高低是否对获得捐赠产生积极影响?

A. 是　　B. 否

29. 您认为宽松的税收政策是否会使高校获得更多社会捐赠?

A. 是　　B. 否

30. 贵基金会是否开通电子支付等网上捐赠工具?

A. 是　　B. 否

31. 捐赠者对贵基金会的主要影响在于哪个方面?

A. 参与决策　　B. 参与监督

C. 参与激励　　D. 参与协调

32. 贵基金会是否每年都会为捐赠人提供专项的捐赠经费使用报告?

A. 是　　B. 否

33. 贵基金会在捐赠经费使用后的多长时间给捐赠人反馈捐款的使用情况?

A. 1 个月之内　　B. 1 个季度之内

C. 半年之内　　D. 1 年之内

E. 1 年之后　　　　F. 从未

34. 您是否同意大学基金会与所在大学之间的关系紧密度越高，其募款能力越强，募款效果越好?

A. 非常同意　　　　B. 同意

C. 不确定　　　　D. 不同意

E. 非常不同意

35. 请您根据贵大学基金会与所在大学之间关系的实际情况，在下表中的相应选项框中划“√”。

选　项	很好	较好	一般	较差	很差
35－1 贵基金会与大学职能部门之间的关系					
35－2 贵基金会负责人和工作人员的大学工作背景					
35－3 大学对贵基金会的财政拨款和补贴状况					
35－4 大学对贵基金会的人力资源支持状况					
35－5 举办大型筹款活动时邀请到大学主要领导的情况					

36. 您认为大学基金会在机构设置中面临的最大困难是什么?

____

____

37. 您认为大学基金会在运行机制中面临的最大困难是什么？

____

____

38. 您认为大学基金会在与政府、捐赠者接触过程中面临的最大困难是什么？

____

____

39. 您认为基金会与其所在大学应有的关系是怎样的？

____

____

【访问到此结束，再次感谢您的支持】

最后，如方便，请提供您的个人信息以保持进一步联系！

姓名：______________　职务：______________

电话：______________　电子信箱：______________

2013 年 10 月 20 日

附件二

大学基金会治理问题访谈提纲

1. 基金会是否获得学校的年度拨款？现有员工________人。其中有校内编制的________人。

2. 贵基金会理事会的构成情况：共有理事________人。其中，具有校内行政职务的理事________人，来自校外的理事________人。理事产生及更换的方式是什么？监事担任校内何种职务？秘书长的产生与调整方式是怎样的？现任秘书长的校内背景是什么？

3. 您如何理解理事会当中大学管理层所占的较多席位？

4. 基金会一年内召开几次理事会？基金会内部机构设置与部门负责人是如何决定的？大额募款计划、资金分配、投资计划是在何种层面进行的，是大学、理事长、理事会，还是秘书处？

5. 秘书处作为基金会日常办公机构如何与校友会等机构实

现资源共享？优化秘书处架构的设想是什么？

6. 您认为就目前的大学基金会而言，大学与其基金会应该保持何种关系？如何建立更为高效的协调和配合机制？是否有必要将权责在二者间进行适当划分？

附件三

美国TOP20公立大学基金会网址

排名	学校名称	基金会网站
1	加州大学伯克利分校 University of California-Berkeley	http://foundation.berkeley.edu/
2	加州大学洛杉矶分校 University of California-Los Angeles	http://www.uclafoundation.org/
3	美国弗吉尼亚大学 University of Virginia	http://www.uvafoundation.com/
4	密歇根大学安娜堡分校 University of Michigan-Ann Arbor	http://www.foundationrelations.umich.edu
5	北卡罗来纳大学教堂山分校 University of North Carolina-Chapel Hill	grantsinfo.unc.edu/databases/foundations
6	威廉玛丽学院 College of William and Mary	http://www.wm.edu/offices/cwmf/

续表

排名	学校名称	基金会网站
7	乔治亚理工学院 Georgia Institute of Technology	http://www.gtf.gatech.edu/
8	宾州州立大学帕克校区 Pennsylvania State University-University Park	http://www.research.psu.edu/patents/penn-state-research-foundation
9	加州大学戴维斯分校 University of California-Davis	http://giving.ucdavis.edu/ways-to-give/uc-davis-foundation/index.html
10	加州大学圣迭戈分校 University of California-San Diego	http://foundation.ucsd.edu/
11	加州大学圣巴巴拉分校 University of California-Santa Barbara	www.ia.ucsb.edu/ucsb-foundation/
12	伊利诺大学香槟分校 University of Illinois-Urbana-Champaign	www.uif.uillinois.edu/
13	威斯康辛大学麦迪逊分校 University of Wisconsin-Madison	www.supportuw.org/
14	加州大学欧文分校 University of California-Irvine	www.math.uci.edu/research/logic-and-foundations
15	佛罗里达大学 University of Florida	www.uff.ufl.edu/
16	俄亥俄州立大学 Ohio State University-Columbus	http://www.osu.edu/giving/

续表

排名	学校名称	基金会网站
17	得克萨斯大学奥斯汀分校 University of Texas-Austin	ddce. utexas. edu/foundationlibrary/about-us/foundation-center/
18	华盛顿大学 University of Washington	http://www. washington. edu/giving/
19	康涅狄格大学 University of Connecticut	www. foundation. uconn. edu/
20	美国佐治亚大学 University of Georgia	http://dar. uga. edu/uga_foundation/

参考文献

一、著作文献

1. 陈秀峰:《当代中国大学教育基金会研究》，中国社会科学出版社2010年版。

2. 程昔武:《非营利组织治理机制研究》，中国人民大学出版社2008年版。

3. 戴志敏等:《大学教育基金会管理研究》，浙江大学出版社2010年版。

4. 丁茂战主编:《我国政府社会事业治理制度改革研究》，中国经济出版社2006年版。

5. 何卫东:《现代公司董事会治理研究》，天津社会科学院出版社2003年版。

6. “中国NGOs治理：成就与困境”，引自［美］丽莎·乔丹、［荷］彼得·范·图埃尔主编，康晓光等译:《非政府组织问责：政治、原则与创新》，中国人民大学出版社2008年版。

7. 康晓光等:《行政吸纳社会——当代中国大陆国家与社会

关系研究》，新加坡世界科技出版社 2010 年版。

8. 康晓光等：《依附式发展的第三部门》，社会科学文献出版社 2011 年版。

9. 李维安等：《公司治理》，南开大学出版社 2001 年版。

10. 刘春湘：《非营利组织治理结构研究》，中南大学出版社，2007 年版。

11. 中国青少年发展基金会编：《处于十字路口的中国社团》，天津人民出版社 2000 年版。

12. 田凯："中国非营利组织治理结构的演变"，引自高丙中、袁瑞军主编：《中国公民社会发展蓝皮书》，北京大学出版社 2008 年版。

13. [美] 沃尔特 · W. 鲍威尔、保罗 · J. 迪马吉奥主编，姚伟译：《组织分析的新制度主义》，上海人民出版社 2008 年版。

14. 吴敬琏：《现代公司与企业改革》，天津人民出版社 1994 年版。

15. 吴忠泽、陈金罗主编：《社团管理工作》，中国社会出版社 1996 年版。

16. 徐晞：《我国非营利组织治理问题研究》，知识产权出版社 2009 年版。

17. 徐宇珊：《论基金会：中国基金会转型研究》，中国社会出版社 2010 年版。

18. 张维迎：《企业理论与中国企业改革》，北京大学出版社 1999 年版。

19. 周雪光：《组织社会学十讲》，社会科学文献出版社

2009年版。

20. 富立友：《知识视角的组织文化》，上海财经大学出版社2010年版。

21. 王名：《非营利组织管理概论》，中国人民大学出版社2002年版。

22. D. B. 约翰斯通著，沈红、李红桃译：《高等教育政策：问题与出路》，人民教育出版社2004年版。

23. Carver. J, *Boards that make a difference: A New Design for Leadership in Nonprofit and Public Organizations*. John Wiley & Sons, San Farncisco: Jossey-Bass, 1990.

24. Edward L. Glaeser, *The Governance of Not-for-profit Firms*, Harvard Institute of Economic Research Discussion, 2002.

25. Henry Mintzberg, *Power In and Around Organizations*, Englewood Cliffs, N. J.: Prentice Hall Inc., 1983.

26. Mark Lyons, *The Contribution of Nonprofit and Cooperative Enterprises in Australia*, Third Sector, Allen & Unwin, 2001.

27. Wolf T., *Managing a Non-profit Organization*, New York prenticc Hall Press 1990.

二、期刊文献

28. 包海芹：“中国高校海外基金会发展现状、问题及展望”，载《国家教育行政学院学报》2011年第3期。

29. 包万平、李金波：“大学教育基金会需规范化引导”，载《中国科学报》2012年11月21日，第7版。

30. 别敦荣：“我国高等教育行政权力结构及其改革”，载

《清华大学教育研究》1998 年第 2 期。

31. 蔡克勇："社会捐赠：一座亟待开发的金矿——高等学校筹资的一条重要渠道"，载《民办高等教育研究》2006 年第 2 期。

32. 陈金圣："脱耦机制与信心逻辑：高校内部管理'去行政化'的新制度主义策略"，载《当代教育科学》2011 年第 21 期。

33. 陈金圣、龚怡祖："去制度化：大学行政化的新制度主义救赎"，载《高教探索》2011 年第 4 期。

34. 陈金圣、钟艳君："大学行政化：内涵、生成与矫治"，载《山西师范大学报（社会科学版）》2010 年第 5 期。

35. 陈林、徐伟宣："从'非国有化'到'非营利化'：NPO 的法人治理问题"，载《中国研究》2002 年第 8 期。

36. 邓娅："建立大学筹款的激励机制——论配比基金的作用与意义"，载《北京大学教育评论》2010 年第 1 期。

37. 邓娅："我国高等教育财政体制改革与大学基金会的兴起"，载《北京大学教育评论》2011 年第 1 期。

38. 范文亮、孟东军："高校教育基金会会计核算探析——从《民间非营利组织会计制度》谈起"，载《教育财会研究》2005 年第 3 期。

39. 范跃进、孙国茂："大学教育基金与现代大学制度"，载《东岳论丛》2013 年 1 期。

40. 费方域："董事与董事会的职责和功能"，载《上海经济研究》1996 年第 12 期。

41. 傅金鹏："西方非营利组织问责理论评介"，载《国外社会科学》2012 年第 1 期。

42. 谷贤林："基金会：影响美国研究型大学管理的重要力量"，载《现代大学教育》2007 年第 1 期。

43. 顾玉林、戴杭骁："高校教育基金会项目管理浅析"，载《经济论坛》2010 年第 2 期。

44. 官有垣："基金会治理功能之研究：以台湾地方企业捐资型社会福利与慈善基金会为案例"，载《公共行政学报》2002 年第 7 期。

45. 郭秀晶："我国高校教育基金会的现状分析与发展路径选择"，载《天津大学学报（社会科学版）》2009 年第 3 期。

46. 韩水法："世上已无蔡元培"，载《读书》2005 年第 4 期。

47. 侯华伟、刘亦仓："高校教育基金会发展中存在的问题及其对策"，载《社团管理研究》2012 年第 8 期。

48. 胡钦晓："高校社会资本论"，载《高等教育研究》2005 年第 9 期。

49. 胡杨成、蔡宁："资源依赖视角下的非营利组织市场导向动因探析"，载《社会科学家》2008 年第 3 期。

50. 黄建华、游睿山、宗蓄："高校基金会筹款营销研究"，载《清华大学教育研究》2006 年第 4 期。

51. 黄建华等："清华大学教育基金会接受捐赠情况分析及思考"，载《清华大学教育研究》2006 年第 S1 期。

52. 黄书孟、张美凤、俞锋华："高校基金会的研究和探索——浙江大学竺可桢教育基金会的实践经验总结"，载《中国高教研究》2001 年第 10 期。

53. 黄文平："建立和完善法人治理结构　不断推动事业单位健康发展"，载《中国机构改革与管理》2013 年第 Z1 期。

54. 简世德、付孝泉："美国高教募捐机制的特点及启示"，载《理工高教研究》2002 年第 6 期。

55. 康晓光、郑宽："NGO 与政府合作策略框架研究"，载《公共管理和政策评论》2007 年第 1 辑。

56. 李红宇："基于资源依赖理论探析中国大学自治——以'985 工程'建设为例"，载《江西社会科学》2011 年第 2 期。

57. 李江源："浅析美国大学的内部管理体制"，载《西华师范大学学报（哲学社会科学版）》1991 年第 3 期。

58. 李洁、柯佑祥："大学捐赠基金运作问题研究"，载《高等教育研究》2011 年第 7 期。

59. 李晓新、刘晔、张宏莲："规范化与专业化：大学基金会资金管理的法律问题研究"，载《复旦学报（社会科学版）》2008 年第 6 期。

60. 林善栋："去行政化与现代大学制度的建立"，载《教育评论》2008 年第 6 期。

61. 刘春生、王任达："发展大学教育基金会，促进大学教育捐赠"，载《北京科技大学学报（社会科学版）》2005 年第 4 期。

62. 刘宏鹏："非营利组织理事会角色与责任研究——基于中美比较分析的视角"，载《南开管理评论》2006 年第 1 期。

63. 刘龙海、戴吉亮："大学社会资本性状、功能及其积聚途径研究"，载《中国成人教育》2009 年第 4 期。

64. 刘瑞波："试论高等教育筹资市场化的基本方式"，载

《教育科学》2004年第1期。

65. 龙叶明："柏林大学：现代大学之父"，载《大学时代》2006年第4期。

66. 卢荻秋："'民选校长'是大学去行政化的突破口"，载《中国青年报》2010年3月16日。

67. 鲁小双："大学基金会内部治理机制探析"，载《社团管理研究》2012年第11期。

68. 陆根书等："美国研究型大学开展社会捐赠的实践及其启示"，载《高等教育研究》2006年第12期。

69. 罗公利、杨选良、李怀祖："社会捐赠与大学发展——中美大学社会捐赠的比较分析"，载《高等教育研究》2006年第1期。

70. 吕杰、宗文龙："美国大学基金会的信息披露制度及其启示——以印第安纳大学基金会为例"，载《比较教育研究》2013年第6期。

71. 马昕："非公募基金会及其管理体制研究"，载《中国民政》2004年第6期。

72. 马迎贤："组织间关系：资源依赖理论的历史演进"，载《社会》2004年第7期。

73. 孟东军、张幼铭："试析社会捐赠在高教成本分担中的作用"，载《高等农业教育》2003年第6期。

74. 孟东军、范文亮、孙旭东："我国高校教育基金会管理组织结构模式研究"，载《高等农业教育》2006年第12期。

75. 孟东军、张美凤、顾玉林："我国高校社会捐赠管理比较研究"，载《高等工程教育研究》2003年第2期。

76. 牛占华："关于事业单位法人治理结构的几点认识"，载《中国机构改革与管理》2012 年第 3 期。

77. 潘乾、谭宝华："高校教育基金会发展的路径选择"，载《赤峰学院学报（科学教育版）》2011 年第 12 期。

78. ［日］青木昌彦著，张春霖译："对内部人控制的控制：转轨经济中公司治理的若干问题"，载《改革》1994 年第 6 期。

79. 商玉生："我国基金会的现状及体制分析"，载《中国青基会通讯》2003 年第 8 期。

80. 范跃进、孙国茂："大学教育基金与现代大学制度"，载《东岳论丛》2013 年第 1 期。

81. 孙和义："克服行政化倾向　推进现代大学制度建设"，载《中国高等教育》2012 年第 1 期。

82. 汤晓蒙："高等教育趋同现象探析：新制度学派理论的视角"，载《教育发展研究》2009 年第 3 期。

83. 田凯："中国非营利组织理事会制度的发展与运作"，载《经济社会体制比较》2009 年第 2 期。

84. 田培源、王建妮："美国高校捐赠与基金会的运作及管理"，载《北京城市学院学报》2008 年第 1 期。

85. 汪锦军："浙江政府与民间组织的互动机制：资源依赖理论的分析"，载《浙江社会科学》2008 年第 9 期。

86. 汪开寿、唐祥来："美国高等教育捐赠与我国的政策建议"，载《比较教育研究》2006 年第 6 期。

87. 王凤秋："试论比较视阈下的中外高等教育社会捐赠——兼谈我国高等教育捐赠的困境与出路"，载《黑龙江高教研究》2012 年第 3 期。

88. 王福友、段君莉："大学的捐赠基金研究"，载《教育科学》2005 年第 3 期。

89. 王名、徐宇珊："基金会论纲"，载《中国非营利评论》2008 年第 1 期。

90. 王珏："高校基金会的投资策略"，载《中山大学学报论丛》2007 年第 1 期。

91. 王晓静、徐少锋、王鲁佳："高校基金会结构视角下的人员素质内涵"，载《扬州大学学报（高教研究版）》2007 年第 1 期。

92. 王晓泉："美国威斯康星大学基金会的动作——访威斯康星大学基金会会长魏若轲"，载《中国高等教育》1994 年第 1 期。

93. 王云儿："美国私立大学基金会最新发展及管理特色研究"，载《教育与经济》2012 年第 3 期。

94. 王绽蕊："美国高等教育巨额匿名捐赠现象浅析"，载《比较教育研究》2004 年第 11 期。

95. 王千华、王军："事业单位的理事会制度创新"，载《开放导报》2007 年第 5 期。

96. 魏晓栋："高校教育基金会实际运作之法律问题分析"，载《煤炭高等教育》2011 年第 4 期。

97. 吴惠、张彦通："加快高校教育基金会发展初探"，载《中国高等教育》2006 年第 11 期。

98. 吴志标、邓云洲："大学基金会发展困境及其路径选择"，载《教育导刊》2012 年第 6 期。

99. 吴海燕："法人治理结构改革中的政事关系：从官僚层

级关系到交易关系”，载《深圳大学学报（人文社会科学版）》2013 年第 1 期。

100. 邢相勤、丁苗苗、刘锐：“中美高校教育基金会运行机制比较及思考”，载《中国地质大学学报（社会科学版）》2011 年第 5 期。

101. 徐莲、韩彩玲：“明尼苏达大学筹款机制和校友基金会的管理运作探究”，载《中国电力教育》2012 年第 23 期。

102. 徐宇珊：“非对称性依赖：中国基金会与政府关系研究”，载《公共管理学报》2008 年第 1 期。

103. 言梓瑞：“中美高校教育基金会比较研究及启示”，载《世界教育信息》2007 年第 10 期。

104. 颜克高、陈晓春：“国外非营利组织理事会研究综述”，载《国外理论动态》2008 第 6 期。

105. 杨德广：“关于高校‘去行政化’的思考”，载《教育发展研究》2010 年第 9 期。

106. 杨瑞龙、郑志：“竞争、内部人控制与经济绩效——许继集团治理结构及其绩效的经济学解释”，载《中国工业经济》2001 年第 10 期。

107. 有祥君：“我国高等学校及其教育基金会的非对称性依赖关系研究”，载《中国高教研究》2012 年第 1 期。

108. 于红：“高校基金会投资现状、问题及对策”，载《煤炭高等教育》2012 年第 1 期。

109. 岳云龙：“从传统管理到现代治理——事业单位改革的目标取向及路径选择”，载《中国行政管理》2008 年第 4 期。

110. 岳云龙、陈立庚：“事业单位法人治理结构问答

(1)”，载《中国机构改革与管理》2012 年第 5 期。

111. 岳云龙、陈立庚：“事业单位法人治理结构问答（4）——事业单位与公司在法人治理结构方面有哪些不同”，载《中国机构改革与管理》2013 年第 2 期。

112. 詹志斌：“美国高等教育捐赠筹资新特点及对我国的启示”，载《世界教育展望》2005 年第 9 期。

113. 张曾莲：“高校教育基金会投资管理的国际比较与启示”，载《教育财会研究》2012 年第 5 期。

114. 张承耀：“‘内部人控制’问题与中国企业改革”，载《改革》1995 年第 3 期。

115. 张春霖：“从融资角度分析国有企业的治理结构改革”，载《改革》1995 年第 3 期。

116. 张道根：“国有企业产权改革中的几个问题”，载《中国工业经济》1996 年第 11 期。

117. 张坤：“探讨高校教育基金会筹集、管理及可持续发展”，载《经营管理者》2012 年第 24 期。

118. 张立民、李晗：“我国基金会内部治理机制有效吗?”，载《审计与经济研究》2013 第 2 期。

119. 张向阳：“耶鲁大学的捐赠基金”，载《世界教育信息》2003 年第 10 期。

120. 张云：“美国加州大学系统捐赠基金运作实践及启示”，载《比较教育研究》2004 年第 6 期。

121. 张祖英、许积年：“对建立我国现代大学制度的探讨”，载《清华大学学报（哲学社会科学版）》2002 年第 4 期。

122. 周红玲、张振刚：“中国大学基金会组织机构设置探析”，载《华南理工大学学报（社会科学版）》2010年第4期。

123. 朱小梅：“教育捐赠行为的伦理探析”，载《教育发展研究》2003年第12期。

124. 朱光明：“政事分开与事业单位改革的路径选择”，载《政治学研究》2006年第1期。

125. Saidel J. R.，“Expanding the Governance Construct: Functions and Contributions of Nonprofit Advisory Groups”，*Nonprofit and Voluntary Sector Quarterly*，Vol. 27，No. 4，1998，pp. 421 ~ 436.

126. Iecovich E.，“Responsibilities and Roles of Boards in Nonprofit Organizations: The Israeli Case”，*Nonprofit Management and Leadership*，2004，15（1），pp. 5 ~ 24.

127. Meyer J. W.，“Rowan B. Institutionalized Organizations: Formal Structure as Myth and Ceremony”，*American Journal of Sociology*，1977，83（2），p. 340.

128. Tolbert P. S.，“Zucker L G. Institutional Sources of Change in the Formal Structure of Organizations: The Diffusion of Civil Service Reform，1880 ~ 1935”，*Administrative Science Quarterly*，1983，pp. 22 ~ 39.

129. Saidel J. R.，“Resource Interdependence: the Relationship between State Agencies and Nonprofit Organizations”，*Public Administration Review*，1991，51（6），pp. 543 ~ 551.

130. Murray V.，Bradshaw P.，Wolpin J.，“Power In and Around Nonprofit Boards: A Neglected Dimension of Governance”，*Nonprofit Management and Leadership*，1992，3（2），pp. 165 ~ 182.

131. William O. Brown，“Sources of Funds and Quality Effects in Higher Education”，*Economics of EducationReview*，20（3），2001.

132. Wood M. M., "Is Governing Board Behavior Cyclical?", *Nonprofit Management and Leadership*, 1992, 3 (2) pp. 139 ~ 163.

三、政策文件及其他

133.《中国人民大学基金会章程》。

134. 雷嘉："中国人民大学等6所大学章程获批高校去行政化明确"，载《北京青年报》2013年11月29日。

135.《国家中长期教育改革和发展规划纲要（意见征求稿)》。

136.《基金会管理条例》。

137. 基金会中心网："基金会数据分析报告——大学基金会发展趋势分析"，来源：http://www.foundationcenter.org.cn/，2014年1月8日。

138. 康晓光等：《2009年中国非公募基金会发展报告：非公募基金会内部治理研究报告》，2010年10月发布，http://www.foundationcenter.org.cn/guanli/files/非公募基金会2009发展报告——内部治理报告.pdf.

139. 王秀强："人民大学报告：第三部门缺乏独立性 生存空间压缩"，来源：21世纪经济报道，http://www.21cbh.com/HTML/2011-3-2/yMMDAwMDIyMzMyMQ.html，2011年3月2日。

140. 徐永光："非公募基金将背负起中国第三部门希望"，来源：搜狐公益，http://gongyi.sohu.com/20090707/n265044596.shtml，2009年7月7日。

141. "学校管理应逐步取消行政级别和行政化管理倾向"，来源：http://news.ifeng.com/mainland/201002/0228_17_1558618.shtml，

2010年2月28日。

142.《耶鲁大学投资学报》，来源：http://investments.yale.edu/images/documents/Yale_Endowment_11.pdf.

143.《中共中央国务院关于分类推进事业单位改革的指导意见》。

144. 陆瑶："我国教育基金会发展问题及对策研究"，湖南大学2009年硕士学位论文。

145. 任增元："制度理论视野中的大学行政化研究"，大连理工大学2012年博士学位论文。

146. 谢永超："大学捐赠基金管理策略研究"，天津大学2009年博士学位论文。

147. 邢博："美国一流大学社会募捐策略研究——基于非营利组织营销视角"，上海交通大学2009年硕士学位论文。

148. 张雷："大学教育基金会发展及运作研究"，北京交通大学2008年硕士学位论文。

后　记

在我国教育事业快速发展的今天，大学基金会实在是一个值得去多加关注的新兴领域。从美国大学捐赠基金的发展轨迹可以看出，长远来看，大学基金会将会成为未来我国大学的主要财力来源之一，成为我国高等教育发展的助推器。可惜的是，大学基金会自身建设、其与大学之间的关系问题都没有得到很好的研究。资金总量已经达到相当规模的大学基金会，也没有受到必要的、与其规模相称的监管，这都为今后大学基金会的良性发展埋下了隐患。

本书是在我的博士学位论文基础上修改充实而成的。转眼间，三年时光转瞬而过，不经意间到了盘点的时刻，正如那首歌唱的——时间都去哪儿了？还记得考博时到处买书找资料的那些日子，还记得复试面试时在楼道里紧张等待的那一刻，此情此景，恍惚就在昨天。的确，这三年，东门内外依然熙攘，西门的明德楼每年六月仍旧会挤满了身穿学位服摆出各种 POSE 拍照的年轻学子。但对于我来说，这三年多少有了一些改变。

能入康门，是缘分，是巧合。客观地说，康老师对我这个开天辟地头一个在职的学生照顾有加。然而即便如此，这种“缩水”的指导对我而言也很是受用。“舌尖上的中国”让人对美食流连，他“脑袋里的学问”也令人叹服，他滔滔不绝几个钟头又言之有物、逻辑把握得当，最要紧的是能把复杂的事物如庖丁解牛般化繁为简，点滴间见功夫。当然，这需要悟性与底蕴，很难完全学会。除此之外，印象最深的是他对人的真情和发自内心的社会责任感。当听闻南京发生吸毒女饿死孩子后，十年前因小思怡事件写过《起诉》一书的他，不禁掩面而泣，这当中有无奈、有酸涩；师门中有人家庭出现变故，他带头发起爱心捐助活动，不在乎钱多少，关键要常怀关爱他人之心。他就是这样一个时刻在追逐良心、让心灵与责任感同步的人。在参与编写《中国第三部门观察报告》过程中，我有幸参与到了康老师领军的项目团队，感悟到了该团队的凝聚力、执行力，他总是能把适合的人安排在适当的位置上，并且善于把每个环节、每个步骤进行细化，落实到每个人身上。

相信和我一样，博士论文对众多求学者来说，是迄今为止最漫长的写作过程。基于我的基础，写作博士论文还是有些吃力的，能坚持下来，除了康老师经常性的指导与点拨外，也离不开其他人的襄助。特别要感谢程天权老书记对我工作的包容，没有他的理解与支持，也许论文仍在腹中。感谢我的爱人袁璨，感谢这三年博士生学习生活期间她的陪伴，特别是2013年下半年那些难熬的论文写作时光。在那些日子里，我都怀疑自己是不是得了自闭症。感谢张康之、孙柏瑛、刘太刚、刘鹏、程秀英等行管系老师在论文写作的不同阶段给予的悉心指导，感谢学院王丹、郭桂英等老师的关照以及金富、杨宝的宝贵意见，他们专业的眼光减少了论文致命性的错误。

写大学基金会，离不开基金会管理者们的支持与帮助，在这里，一并感谢中国人民大学教育基金会的彭和平、王鲁家老师，北京师范大学教育基金会的李胜兰老师，北航教育基金会的黄正老师等大学教育基金会行业的各位前辈，他们多年从事教育基金会的经验使问题的聚焦越来越精准。

本书实乃抛砖之作，希望有更多的专家学者投入到大学基金会的研究中来，关注基金会在发展过程中存在的突出问题，促使其健康发展，为大学、为我国的高等教育事业贡献更多力量。再次感谢每一位给予我支持帮助的人。

文章付梓之际，儿子杨涵成降临这个世界，借此机会祝福他健康成长。

由于自身学术水平有限和时间关系，书中难免有不足和错误之处，请各位专家批评指正，不吝赐教！

杨维东

2014 年 10 月 23 日于中国人民大学明德楼

图书在版编目（CIP）数据

中国大学基金会治理问题研究 / 杨维东著. —北京：中国政法大学出版社，2015.1
ISBN 978-7-5620-5754-3

Ⅰ. ①中… Ⅱ. ①杨… Ⅲ. ①高等学校—科学基金—基金会—治理—研究—中国 Ⅳ. ①G644

中国版本图书馆CIP数据核字(2014)第309092号

出版者　中国政法大学出版社
地　址　北京市海淀区西土城路 25 号
邮　箱　fadapress@163.com
网　址　http://www.cuplpress.com（网络实名：中国政法大学出版社）
电　话　010-58908435(第一编辑部) 58908334(邮购部)
承　印　固安华明印业有限公司
开　本　880mm×1230mm 1/32
印　张　8.75
字　数　189 千字
版　次　2015 年 1 月第 1 版
印　次　2015 年 1 月第 1 次印刷
定　价　32.00 元